Werner Scheyer
Orientierungstauchen • Nachttauchen
Strömungstauchen • Wracktauchen

Empfohlen von

BARAKUDA
International Aquanautic Club

SUSV·FSSS

VERBAND
INTERNATIONALER
TAUCHSCHULEN e.V

FST e.V.

International Diving Association
IDA

Freie
Internationaltätige
Tauchlehrer e.V.
FIT e.V.

United-Diving
UDI
Instructors

Instructor Dive Development
IDD
Diving Education Europe

Werner Scheyer

Orientierungstauchen
Nachttauchen
Strömungstauchen
Wracktauchen

Tauchsportbrevets und Spezialkurse
Band 1

Delius Klasing
EDITION NAGLSCHMID

Die Deutsche Bibliothek – CIP-Einheitsaufnahme
Scheyer, Werner:
Orientierungstauchen - Nachttauchen - Strömungstauchen - Wracktauchen /
Werner Scheyer. - Bielefeld : Delius Klasing; Stuttgart : Ed. Naglschmid, 2002
(Tauchsportbrevets und Spezialkurse ; Band 1)
ISBN 3-89594-083-6

ISBN 3-89594-083-6

Herausgeber: Dr. Friedrich Naglschmid
Fotos: *Dr. Friedrich Naglschmid/MTi-Press* Seite12, 16, 17, 18, 31, 43, 57, 63, 67, 103; *Werkfoto Oceanic* 25; *Wolfgang Pölzer* 41; *Arnd Rödiger* 11, 18 m.; *Werner Scheyer* 10, 23, 26, 37, 42, 45, 47, 49, 51, 61, 62, 67 u. r., 71, 72, 83, 89, 90, 91, 97, 99; *Werkfoto Seemann Sub* 25 o., m.
Grafiken: *Archiv MTi-Press* Seite 55; *MTi-Press nach Scheyer* 19, 27, 28, 29, 34, 64, 65, 69, 70, 73, 74, 75, 76, 77, 95, 98, 100, 101, 105; *Stephanie Naglschmid/MTi-Press* 13, 14, 15, 83; *Oceanwriter* 31; *Werner Scheyer* 21, 22, 24, 27, 28, 29, 54, 96
Umschlaggestaltung: Buchholz/Hinsch/Hensinger, Hamburg
Gesamtherstellung: Koeblin-Fortuna-Druck GmbH & Co. KG, Baden-Baden
Printed in Germany 2002

Vertrieb: Delius Klasing Verlag, Siekerwall 21, D-33602 Bielefeld
Tel.: 05 21/5 59-0; Fax: 05 21/5 59-1 13
E-Mail: info@delius-klasing.de
www.delius-klasing.de

Inhaltsverzeichnis

Vorwort

Tauchen, ein herrlicher Sport, Tausende von begeisterten Menschen kommen jedes Jahr dazu, um die Welt unter Wasser zu erleben.
Häufig wird aber in unserer schnelllebigen Zeit die Begeisterung von anderen Highlights abgelöst.Es bleibt bei einer Grundausbildung im Tauchen, die oft unter dem Konkurrenzdruck zwischen den Verbänden und den Tauchbasen eng begrenzt ist.Viele TaucherInnen glauben dann, dass sie so weit ausgebildet sind, weltweit in Begleitung eines Erfahrenen unter allen Gegebenheiten tauchen zu können. So kann der Tauchsport gefährlich werden.
Ziel sollte es daher sein, die Ausbildung so zu vervollständigen, dass man wirklich selbstständig in Begleitung eines ebenso ausgebildeten Tauchpartners seine Tauchgänge selbst planen und sicher durchführen kann.
Dazu dienen die verschiedenen Sonderbrevets, die bei vielen Verbänden auch Voraussetzung für die Weiterbildung zu einer höheren Stufe sind.
Die in sich abgeschlossenen Themen, die in der Tauchpraxis aber ineinander greifen, sollen das Interesse und auch die Begeisterung wieder wecken, eine Voraussetzung dafür, dass das Wissen auch gespeichert wird. Um das Lernen zusätzlich zu erleichtern, wurden manchmal wichtige Grundlagen in jedem Brevet aufgeführt, so dass das Lernen nicht durch ablenkendes Blättern unterbrochen werden muss.
Sinn der Sonderbrevets ist auch das spielerische Lernen, frei vom Prüfungsdruck. Die verschiedenen Aufgaben werden partnerschaftlich so lange geübt, bis alle TeilnehmerInnen sie beherrschen. Der in der Praxis oft anzutreffende Prüfungsfanatismus einiger TauchlehrerInnen steht im Widerspruch zu dieser Idee. Es sind zwar oft Fragebogen im Anhang der Seminarunterlagen, deren Lösung sollte aber nur in der Gruppe diskutiert werden, sie dienen dazu, die Eindrücke der Praxis mit dem theoretisch Erlernten zu vergleichen und so besser behalten zu können. Richtig vermittelt können es auch Erfolgserlebnisse werden. Ein Taucher, der beispielsweise vor Beginn des Orientierungskurses ziellos im See herumtaucht und nach wenigen Erklärungen diesen See geradlinig durchtaucht und auch wieder zum Ausgangspunkt zurückfindet, wird sehr stolz über den Erfolg sein und geht motiviert an die weiteren Aufgaben.

Einleitung

Der Inhalt dieses Buches umfasst unter anderem die drei wichtigsten Sonderbrevets Orientierung, Nacht- und Strömungsstauchen, deren Inhalte schon zur Grundausbildung für selbstständige TaucherInnen gehören sollten.

Die taucherischen Grundlagen wie richtig Ausrüsten, das richtige Tarieren sowie Partnercheck und Briefing sollten zum Kursbeginn bereits beherrscht werden. Für alle Übungen gelten die Grundregeln des Tauchens und des Umweltschutzes, dazu gehört auch die gültige Tauchtauglichkeitsuntersuchung jedes Teilnehmers.

Die eingesetzte eigene Tauchausrüstung wie auch die aller Teilnehmer der Gruppe sollte dabei vollständig, angepasst, funktionsfähig und bekannt sein, dazu zählt z.B. eine Taucherlampe und pro Gruppe auch eine Ersatzlampe bei Nachttauchgängen sowie die gesamte Sicherheitsausrüstung wie Nikosignal, Signalblitz und Signalboje bei allen Tauchgängen im Meer.

Diese Sonderbrevets sollen Anregungen geben und helfen, Fehler zu vermeiden, sie ersetzen nicht regelmäßiges Üben und das Training, um Kondition zu erlangen. Erfahrene TaucherInnen sind nicht die, die alle Seminare absolviert haben, sondern die, die immer wieder üben und auch die meisten Fehler schon einmal gemacht und korrigiert haben.

Werner Scheyer
Stuttgart, März 2002

Orientierungs-
tauchen

Nacht-
tauchen

Strömungs-
tauchen

Wrack-
tauchen

Orientierungstauchen

Bei gutem Wetter und entsprechender Fernsicht können wir an Land problemlos mehrere Kilometer bis an den Horizont blicken. Als enorm eingeschränkt betrachten wir aus der Sicht des Autofahrens bereits Nebel mit unter 20 Meter Sichtweite. Dunkelheit und Sichtweiten unter einem Meter sind bereits kriminalromanreife Gruselszenarien. Unter Wasser dagegen freuen wir uns schon über Sichtweiten von mehr als 20 Meter, Tauchgänge bei Sichtweiten von 3–5 Meter sind keine Seltenheit. Doch wir Menschen sind „Augentiere", und eine schlechte Sicht macht uns unsicher. Dies erhöht die Gefahr und damit das Unfallrisiko. Wichtigste Voraussetzung für sicheres Tauchen ist darum eine gute Orientierung unter Wasser.

Nach der Grundausbildung ist die richtige Orientierung unter Wasser das Wichtigste, das die TaucherInnen lernen müssen. Es ist die Voraussetzung für entspanntes, aber vor allem sicheres Tauchen. Wer bei Strömung weit in Lee vom Boot auftaucht oder im freien Wasser dekomprimieren muss, weil er nicht mehr zum Anker zurückgefunden hat, begibt sich unnötigerweise in Gefahr, weil er dann auf die Hilfe einer aufmerksamen Bootsbesatzung angewiesen ist.

Die Orientierung ist auch Grundvoraussetzung für die sichere Tauchgangsführung durch verantwortungsvolle TaucherInnen. Nur wer sich seines Kurses sicher ist, kann auch die Sicherheit ausstrahlen, die für alle Gruppenmitglieder wichtig ist. Diese Fähigkeit lässt sich nicht durch ein kurzes Seminar erlernen. Viel Erfahrung und natürlich Ehrgeiz sind erforderlich. Man sollte daher jeden Tauchgang nutzen, sozusagen praktisch nebenher, kleine, selbstgestellte Aufgaben der Orientierung zu lösen.

Wir tauchen heute in nahezu allen Gewässertypen, zu allen Tag- und Nachtzeiten und bei nahezu allen Sicht- und Strömungsverhältnissen. Damit unsere Tauchgänge dennoch sicher bleiben, müssen wir uns in jeder dieser Situationen zurecht finden.

Orientierung im täglichen Leben

Die Fähigkeit zur Orientierung hängt sehr vom persönlichen räumlichen Vorstellungsvermögen ab, sie kann nur zum Teil erlernt werden und ist individuell unterschiedlich stark ausgeprägt.

Bewusst oder unbewusst ziehen wir den Sonnenstand und markante Punkte wie Gebäude, Berge oder Bäume heran, um uns so im Raum zu orientieren. Fehlen solche Punkte, wie zum Beispiel auf flachem Gelände im Nebel, haben wir das gleiche Problem wie unter Wasser, wir laufen im Kreis und verirren uns.

In unserer direkten Umgebung orientieren wir uns auch durch unseren Gleichgewichtssinn, der sich aus unserem Raumlage- und unserem Drehsinn zusammensetzt.

Auch bei geschlossenen Augen können wir so in etwa eine viertel Umdrehung machen oder erkennen, ob der Boden ansteigt. Die Lageinformationen dazu erhält unser Gehirn von

1) der Richtung der Schwerkraft über den Raumlagesinn und über die Muskulatur, die wir, je nach Bodenneigung, unterschiedlich anspannen müssen, um im Gleichgewicht zu bleiben,

2) der Flüssigkeitsbewegung in den drei senkrecht aufeinander stehenden Bogengängen des Drehsinnesorgans im Innenohr und

3) der Lage des Horizontes, den wir erkennen, wenn wir die Augen öffnen.

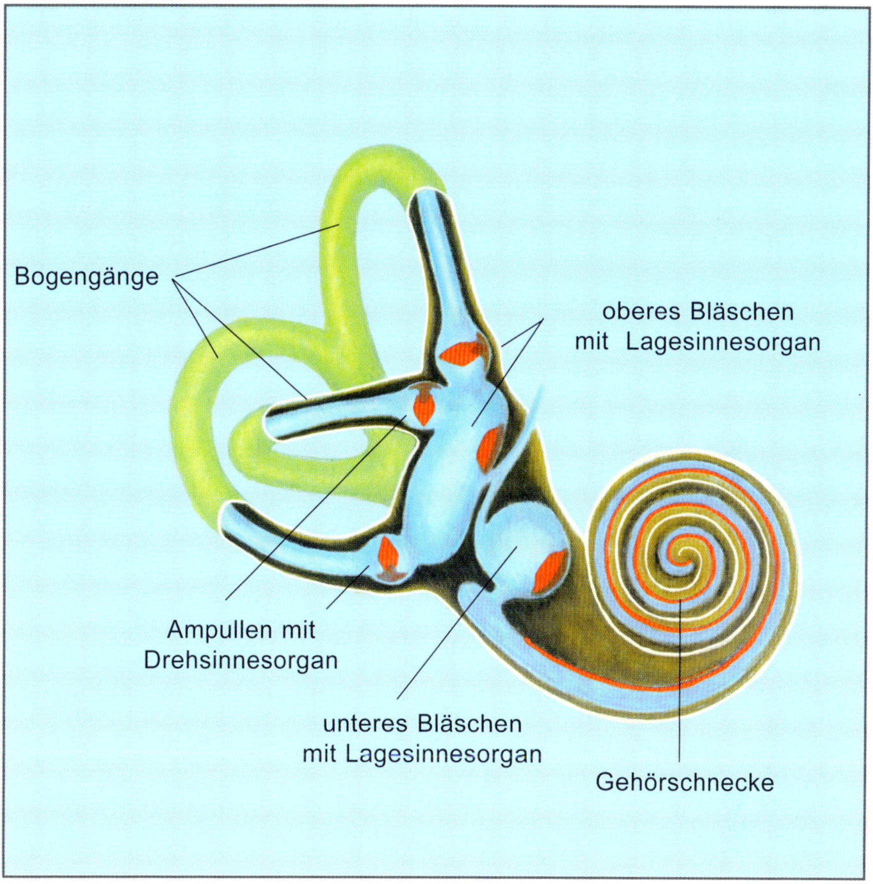

Die Sinnesorgane für unser Lage- und Gleichgewichtsempfinden liegen im Bereich des Innenohres. In den Bogengängen, die schon im 2. Jahrhundert n.Chr. von dem griechischen Arzt Galen als Labyrinth bezeichnet wurden, liegen die Drehsinnesorgane, die uns ein dreidimensionales Raumempfinden ermöglichen.
In dem oberen und unteren Bläschen des Innenohres, dem Utriculus und dem Sacculus, befindet sich unser Raumlagesinn.
Raumlagesinn und Drehsinn werden zusammen gemeinhin als Gleichgewichtssinn bezeichnet.

Das Fehlen einer dieser drei Informationen wird von unserem Gehirn klaglos überspielt, beispielsweise wenn wir im Wasser schweben und so die Schwerkraft fehlt. Zwei der drei Informationen fehlen, wenn wir in trübem Wasser ohne Bodensicht tauchen. Wir merken zwar den beginnenden Stress, unsere Lage wird aber vom Raumlage- und Drehsinnsystem noch erkannt. Fehlen aber auch diese Informationen, weil durch geringe Druckausgleichsbe-

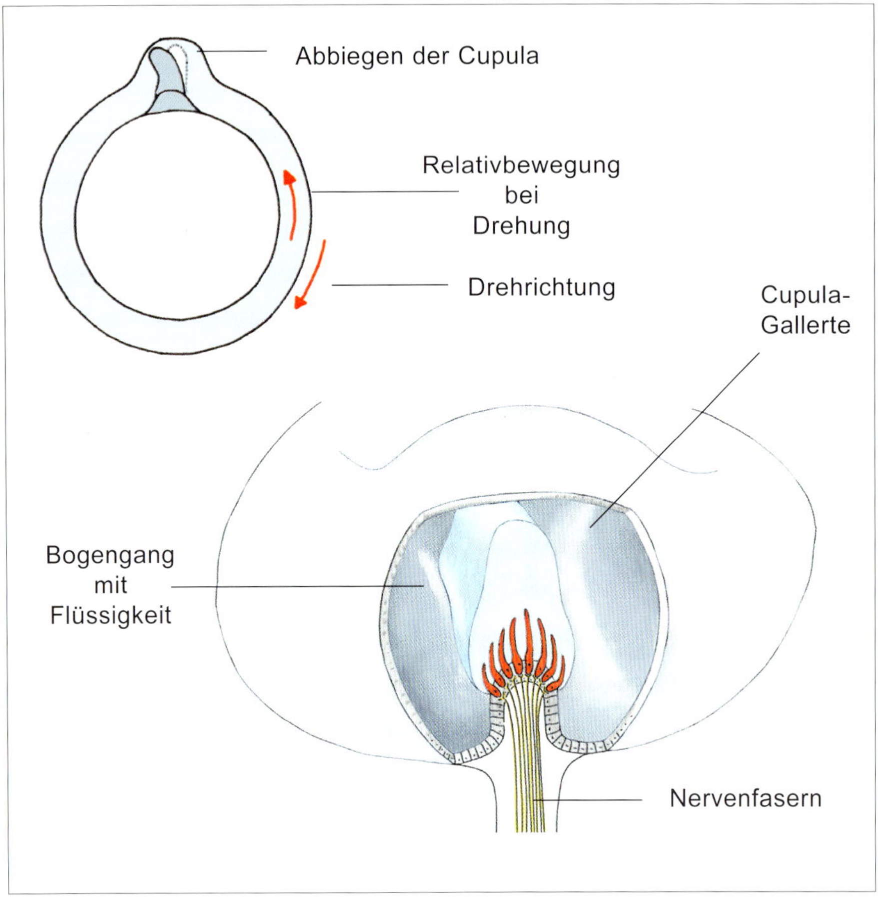

Das Prinzip des Drehsinnes beruht auf der Trägheit der Masse einer Flüssigkeit in den Bogengängen und einer Gallertzunge, in die die Haarsinneszellen des Drehsinnes hineinragen.
Bei einer Drehung des Kopfes nach rechts bleibt die Flüssigkeit der waagerecht liegenden Bogengänge aufgrund ihrer Trägheit in Ruhe. Die Wand der Bogengänge mitsamt der Gallertzunge und den darin befindlichen Sinneszellen wird aber bewegt, wobei die Gallertzunge abgebogen wird. Dies melden die Sinneszellen dem Gehirn, das die neuen Werte verarbeitet, uns die neue Situation vermittelt und gegebenenfalls entsprechend reagieren lässt.

schwerden vom linken und rechten Gleichgewichtsorgan unterschiedliche Signale kommen, wird der Taucher erst einen Schwindel verspüren, der leicht in eine Panik und in einen totalen Orientierungsverlust ausarten kann. Bei Nacht, schlechter Sicht und fehlendem Bodenkontakt kann man plötzlich nicht mehr sagen, wo oben und wo unten ist. Erste Pflicht ist es dann, den Bodenkontakt zu suchen und sich am Partner festzuhalten, bis der Druckausgleich wieder hergestellt ist. Im Notfall den Luftblasen nachtauchen, sie steigen immer nach oben. Sieht man an der Oberfläche die Sterne, ist das Problem meist sofort behoben.

Natürliche Orientierung unter Wasser

Erfahrene TaucherInnen, die aufmerksam ihre Umgebung während des Tauchgangs beobachten, erkennen meist markante Punkte, an denen sie sich beim Rückweg orientieren. Da solche Punkte von beiden Seiten meist etwas unterschiedlich aussehen, sollte man sich gelegentlich umdrehen, um die Punkte beim Rückweg wieder zu erkennen. Einfach ist es an einer Riffkante entlang, der Tauchguide wird beim Briefing nur sagen „Bauch nach unten, linke Schulter zum Riff", wobei er sich auf die linke Schulter schlägt, da es viele Menschen gibt, die oft rechts und links verwechseln. Mindestens der Hinweg dürfte so auch für BeginnerInnen kein Problem sein. Schwieriger ist es, wenn es sich um ein ebenes oder unübersichtliches Tauchgewässer handelt, hier müssen weitere natürliche Hilfsmittel herangezogen werden. Diese Hilfsmittel sind:

– Die Sonne, die uns eine grobe Richtung zeigen kann, wenn sie bei unserem Tauchgang noch zu sehen ist. Schwierig ist es um die Mittagszeit, der nahezu senkrechte Sonnenstand erscheint durch die Brechung an der Oberfläche vor allem in den Tropen noch senkrechter, sodass die Information unsicher wird. Günstiger ist es morgens und abends bei schräg stehender Sonne; aber Vorsicht, ziehen während des Tauchgangs Wolken auf, fehlt diese Orientierung.

– Markante Punkte wie einzelne Felsen, Wasserpflanzeninseln, Felsformationen oder Steilwände, deren Lage wir uns einprägen, ebenso die Zeit bis zum Passieren solch markanter Punkte. So sind wir für den Rückweg auch in

Drehschwindel

Nicht die gleichnamige Krankheit, unter der immer mehr ältere Menschen leiden, ist hier gemeint, sondern das Kinderspiel, das Sie alle kennen. Man dreht sich so schnell, es geht um die eigene Körperachse, am besten mit geschlossenen Augen, und bleibt dann ruckartig stehen. Kaum jemand kann hier noch das Gleichgewicht halten. Ähnliches erfahren auch ungeübte TänzerInnen, die sich zu schnell im Walzer drehen. Die Ursache für diese kurzfristige Gleichgewichtsstörung ist schnell erklärt, wenn man die Zusammenhänge von Lage- und Drehsinn und deren Funktion kennt. Die Lymphe in den Bogengängen fließt aufgrund ihrer Trägheit auch nach dem Stopp der Drehung weiter im Bogengang. Dabei drückt sie gegen die Cupula und die darin befindlichen Sinnenszellen, die jetzt eine scheinbare Drehung in der Gegenrichtung melden und so unser Gehirn verwirren.

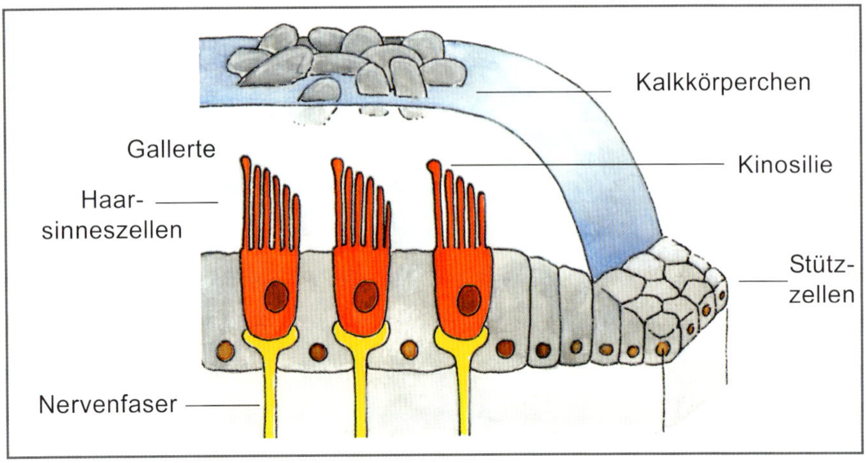

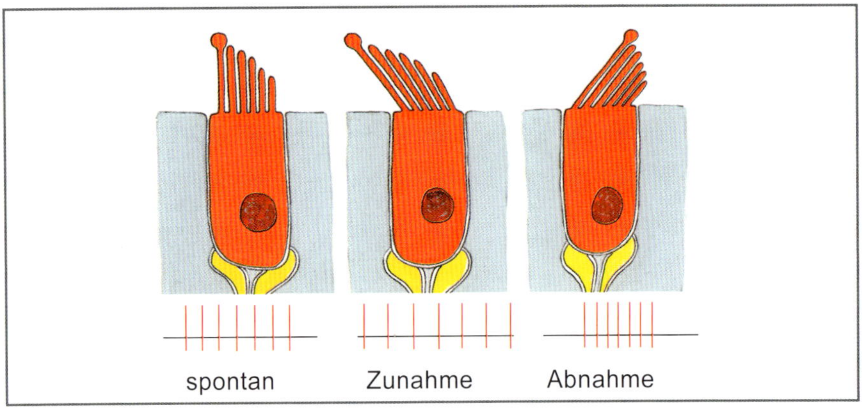

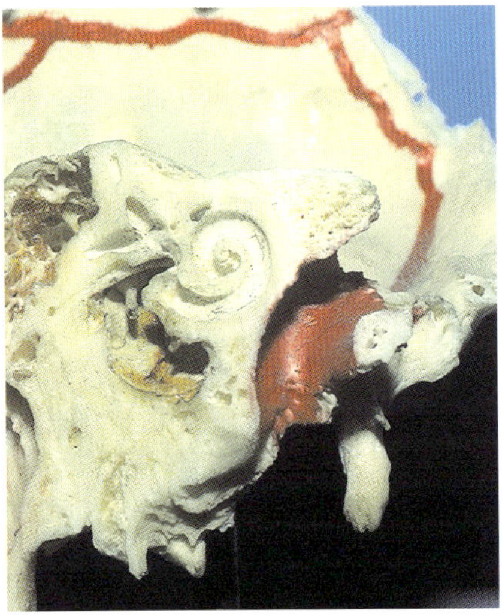

Deutlich erkennt man die nur 5–8 mm große Schnecke des Gehörorgans und die an sie anschließenden senkrecht zueinander stehenden Bogengänge im Schädelknochen. Das Prinzip unseres Schweresinnesorganes beruht auf der Wirkung einer durch Kalkkörperchen beschwerten Gallerte, die als Statolith auf einem Polster von Haarsinneszellen liegt. Diese Haarsinneszellen geben laufend Impulse an das Gehirn, das daraus den Ruhezustand ableitet. Bei Schräglage des Sinnesepithels wird die Anzahl der Impulse entweder erhöht oder vermindert, woraus das Gehirn die Veränderung der Raumlage ermitteln kann.

etwa über die noch erforderliche Tauchzeit informiert.

Sonnenstand und Sonnenstrahlung geben immer Orientierung, dagegen nimmt Regen auf der Wasseroberfläche die Orientierungsmöglichkeit.

– Wellenbewegung und Strömung können uns eine Richtungsinformation geben. Die Wellen erkennen wir am Boden eventuell an der Sandriffelung oder an der Bewegung des Seegrases. Auf Sandboden kann man sich auch behelfen, indem man etwas Sand in der Hand hochnimmt und zu Boden rieseln lässt. Nach welcher Seite wird die Sandwolke verdriftet? Aber auch hier Vorsicht, die Strömungen können auf unserer Tauchtiefe der Oberflächenströmung entgegenlaufen.

An der Riffkante oder am Abhang helfen Bauch nach unten und linke Schulter zum Riff bei der Orientierung.

In der Strömung wiegendes Seegras kann ebenfalls bei der Orientierung helfen.

– Der Anker ist bei Tauchgängen vom Boot aus Start und Ziel. Die Ankerleine hilft uns beim Abtauchen, erleichtert uns die Durchführung des Druckausgleichs und das Zusammenbleiben der Gruppe auch bei Strömung. Aus der Neigung der Ankerleine erkennen wir auch die möglicherweise unterschiedlichen Strömungsrichtungen und deren Stärke. Beim Auftauchen erleichtert uns die Ankerleine die Einhaltung der Aufstiegsgeschwindigkeit und der Sicherheits- bzw. der Dekostufen.
Erste Maßnahme, wenn die Gruppe den Anker erreicht hat, ist dessen Sicherung, damit er am Ende des Tauchgangs auch wieder an dieser Stelle gefunden wird. Auch das genaue Messen der Tiefe, auf der der Anker liegt, erleichtert das Wiederfinden, wenn man beim Rückweg der Tiefenlinie folgt. Genaue Zeit beim Start vom Anker messen, wenn er auf dem Rückweg das Ziel ist. Man beginnt den Tauchgang gegen die Oberflächenströmungsrichtung mit der größten Tiefe. Man kehrt spätestens

Markante Punkte können bei der Orientierung angepeilt werden. Doch Achtung: Auch große Anemonen können sich schließen.

Besonders schwer ist die Orientierung in sich wiegenden Algen- und Tangwäldern.

Sandriffelungen oder ein bestimmter Winkel zu ihnen sind auch im Lampenschein zu erkennen.

um, wenn das erste Gruppenmitglied den halben Luftvorrat verbraucht hat. Da man beim Rückweg flacher taucht, ist auch der Luftverbrauch geringer. Es bleibt also noch etwas Reserve, vorausgesetzt es kommt keine Strömung oder der lang gesuchte Walhai dazu. Die Zeit bis zum Umkehrpunkt messen, sie gibt einen Anhaltspunkt, ab wann man wieder nach dem Anker suchen kann. Der Tiefenlinie zu folgen ist wohl die einfachste Art der natürlichen Orientierung, zumal die Tauchcomputer diese sehr genau messen. Wie vorher beschrieben, unabhängig von der Richtung der Böschung auf gleicher Tiefe folgen, die Zeit bis zum Umkehrpunkt ist auch in etwa die Zeit bis zum Ausgangspunkt zurück. Bei ungestörten Umgebungsbedingungen kann auch statt der Zeit der Luftverbrauch herangezogen werden, die Reserve darf aber nicht mit eingeplant werden.

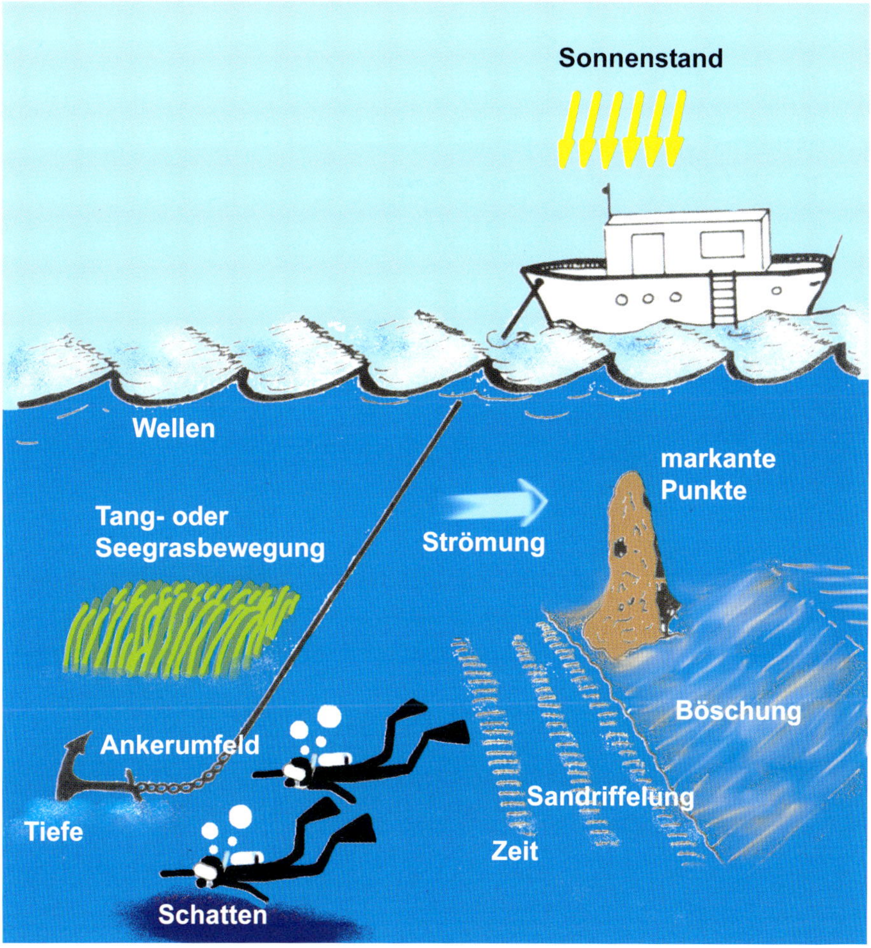

Umfeld wie Sonne, Wellen und Strömung vor dem Tauchgang sorgfältig beobachten! Möglichst mit Sichtkontakt abtauchen (z.B. Ankerkette).

Leinensignale, wenn mit Leinenführung getaucht wird (s. S. 35)

x	Gefahr! Hole mich zurück!
xxxx	Ich komme zurück!
xxxxx	Alles o.k.
xxx—xxx—xxx	Ich benötige Hilfe!
x	Komme sofort zurück
xx	Richtung nach links!

xxx	Richtung nach rechts!
xxxx	Komme zurück!
xxxxx	Alles o.k?
xx—x	Richtung vorwärts!
xx—xx	Richtung zurück!

— = Pause X = kurzer Ruck an der Leine

Signale sofort erwidern, sonst wiederholen – Leine muss immer unter leichtem Zug stehen.

Orientierung mit dem Kompass

In vielen Fällen, vor allem bei schlechter Sicht und fehlenden markanten Punkten, führt die natürliche Orientierung nicht zum Ziel; hier hilft nur die zusätzliche Orientierung mit dem Kompass. Das Hauptproblem dabei ist, dass der Taucher der vom Kompass angegebenen Richtung nicht glaubt. Besserung ist erst in Sicht, wenn man trotz vermeintlich geradem Kurs den dritten Vollkreis hinter sich gebracht hat, dann den Kopf total ausschaltet und nur noch stur der Nadel folgt.

Physikalische Grundlagen

Die Kompassnadel folgt in ihrer Bewegung dem natürlichen Magnetfeld der Erde. Im Gegensatz zu den bekannten stab- oder U-förmigen Permanentmagneten entsteht das Erdmagnetfeld durch Strömungen leitfähiger Magma tief im Erdinneren. Mit dem hohen Gehalt des Erdkerns an Eisen und Nickel hat es nichts zu tun, da diese Metalle bei den dort herrschenden hohen Temperaturen ihren Magnetismus verloren haben.

An der Erdoberfläche bildet das Erdfeld großflächige magnetische Pole aus, die nahe bei den geografischen Polen liegen. Physikalisch genau liegt der magnetische Südpol beim geografischen Nordpol und umgekehrt, im allgemeinen Sprachgebrauch wird der magnetische Pol beim Nordpol aber auch als magnetischer Nordpol bezeichnet. Die magnetischen Pole sind nicht punktförmig, sondern tief im Erdinneren. Die Kraftlinien folgen daher nicht der Erdoberfläche, sonder treten z.B. in unseren Breiten mit einem Winkel von 60° aus dem Boden (Inklination). Unsere Kompassnadel müsste daher schräg in den Boden zeigen, wird aber durch Ausgleichsgewichte in der Waagerechten gehalten.

Verfälschung des Erdmagnetfeldes

Das Erdmagnetfeld ist im Allgemeinen homogen, kann aber durch äußere Einflüsse gestört werden. Das können große Erzlager im Boden sein, aber auch große Eisenteile, die für die Kraftlinien einen Kurzschluss darstellen, sie werden zum Eisen hin abgelenkt, auch die Kompassnadel würde dieser Richtung folgen. Solche Eisenteile können unter Wasser Wracks sein oder auch die Druckluftflasche des Partners, wenn er dicht daneben schwimmt. Eine weitere Verfälschung kann durch magnetische Teile oder Fremdmagnete erfolgen. Beispielsweise haben manche Tiefenmesser und Tauchcomputer diese Eigenschaften, sie dürfen nicht am gleichen Arm wie der Kompass getragen werden, unbedingt vorher testen!

Besonders kritisch sind die starken Schaltmagnete einiger Taucherlampen, sie können die Kompassnadel noch über eine Entfernung von 50 Zentimeter ablenken!

Die Kompassrose

Die Kompassnadel zeigt immer nur die Nord-Südrichtung an. Das ist aber nicht in allen Fällen unsere gewünschte Schwimmrichtung. Um diese genauer angeben zu können, hat man die Nadel mit einer 360°-Teilung unterlegt, mit zusätzlicher Angabe der Himmelsrichtungen, und erhält so die Kompassrose. Wir geben also an, in welchem Win-

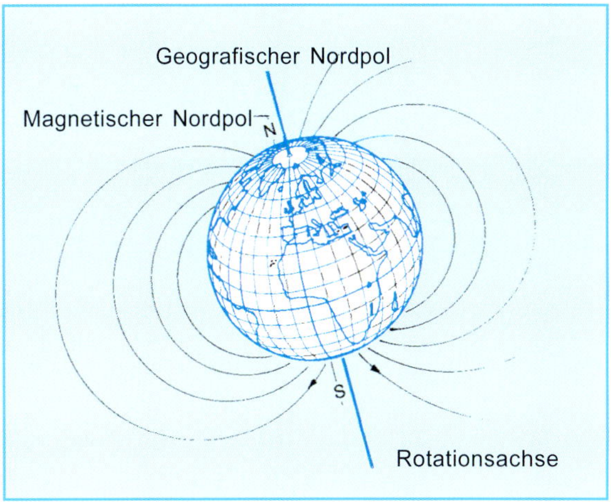

Die magnetischen Pole der Erde liegen nicht an den geografischen Polen! (Missweisend bzw. rechtweisend Nord)
Physikalisch korrekt gesehen liegt neben dem geografischen Nordpol der magnetische Südpol. Um Missverständnisse zu vermeiden, wird dieser jedoch im allgemeinen Sprachgebrauch als magnetischer Nordpol bezeichnet. Weitere Anomalien z.B. durch Eisenerz im Boden.

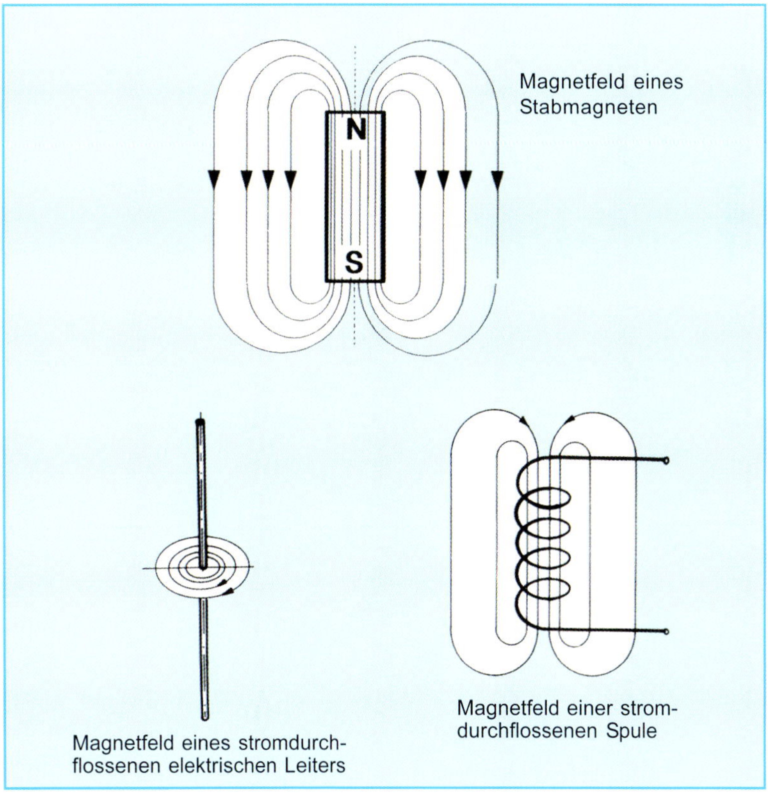

Verschiedene Magnetfelder, die im technischen Bereich eine Rolle spielen.

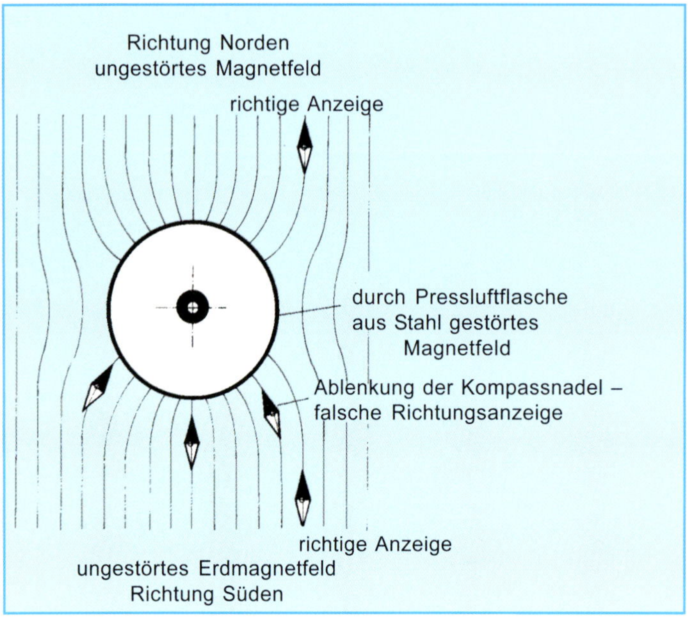

Ablenkung des Magnetfeldes durch eine Stahlflasche.

Kompassrose mit 360°-Einteilung und Himmelsrichtungen.

kel zur Nord-Südrichtung wir schwimmen wollen. Die Einteilung erfolgt im Uhrzeigersinn von Nord (0° und gleichzeitig 360°), Ost (90°), Süd (180°) und West (270°).
Die Gradeinteilung ist eindeutig, ebenso die Bezeichnung für Norden und Süden. Die Angaben für die West- und Ostrichtung differieren je nach Herstellerland des Kompasses:

„W“	*Westen (deutsch),*
	West (englisch),
„O“	*Ouest (französisch für Westen),*
„O“	*Osten (deutsch),*
„E“	*East (englisch)*
	und Est (französisch für Osten)

Da immer nur der Anfangsbuchstabe auf dem Kompass vermerkt ist, kann gerade die West-Ostrichtung bei englischer und französischer Ausführung irritieren.

Aufbau eines Kompasses

Bei den für den Tauchsport gedachten Kompassen wird anstelle einer einfachen Kompassnadel eine magnetische Scheibe verwendet, die meist mit einer 360°-Skala und den vier Hauptrichtungen bedruckt wird. Die Scheibe wird drehbar und möglichst reibungsarm auf einer Stahlspitze gelagert und kann sich so am Magnetfeld der Erde ausrichten, wobei sich der Nordpol der Scheibe zum magnetischen Südpol der Erde richtet, da sich die ungleichen Pole anziehen, die gleichen aber absto-

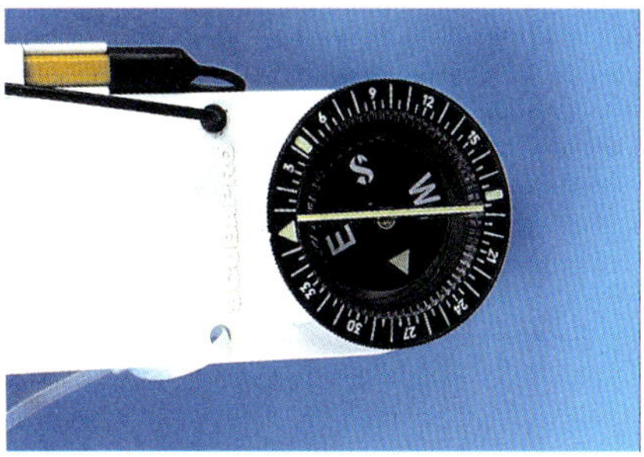

Bilder von oben nach unten:
- *Klassischer Kugelkompass*
- *Viereckige Kompasskonsole mit Armband*
- *Runder Armkompass mit Peilfenster*
- *Auf Schreibtafel montierter Handkompass*

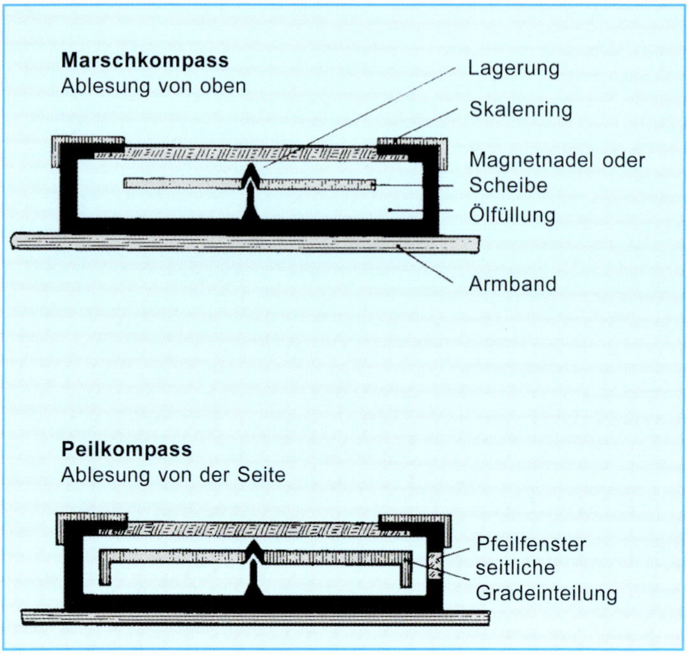

Anforderungen an den Kompass:
Möglichst weit lageunabhängig, gut gedämpft und mit fluoreszierenden (nachleuchtenden) Ziffern, Peilmöglichkeit, flexibles Armband mit korossionsfestem und unmagnetischem Verschluss.

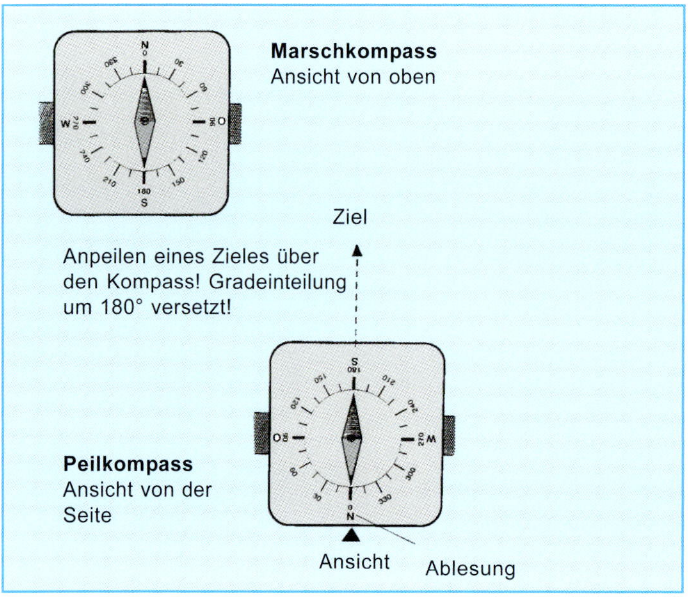

ßen. Das System wird dann in ein mit Silikonöl gefülltes Gehäuse eingebaut. Die Ölfüllung hat zwei Vorteile, das Gehäuse muss nicht druckfest sein, weil sich das Öl unter Druck nicht komprimieren lässt, und es dämpft die Eigenbewegungen der Scheibe. Ohne das Öl würde die Scheibe bei jeder Bewegung und jedem Richtungswechsel lange hin- und herschwingen. Die Zähigkeit des Öls wird so gewählt, dass die Scheibe nur eine, maximal zwei Überschwingungen macht bis zur Richtungseinstellung.

Auf der Sichtscheibe des Kompasses ist noch ein Strich aufgebracht, dessen Richtung die Schwimmrichtung markiert. Darüber ist ein Ring mit einer zweiten 360°-Teilung montiert, der drehbar ist und zwei um 180° versetzte Marken hat, die mit dem Nord- bzw. Südpfeil zur Deckung gebracht werden, wenn das Ziel angepeilt wird.

Je nach Anwendungsfall gibt es Marsch- und Peilkompasse. Der Unterschied liegt in der Anordnung der Hauptrichtungen. Während man beim Marschkompass von oben auf die Skala schaut und die Himmelsrichtungen richtig angeordnet sind, sind sie beim Peilkompass um 180° versetzt. Man peilt über den Kompass das gewünschte Ziel an, die Zielhimmelsrichtung liegt dann näher beim Betrachter und kann dort abgelesen werden. Die meisten beim Tauchsport verwendeten Kompasse sind kombiniert, die seitlich zu beobachtende Peilskala entspricht in ihrer Beschriftung einem Peilkompass, während die von oben sichtbaren Himmelsrichtungen den physikalischen Richtungen entsprechen.

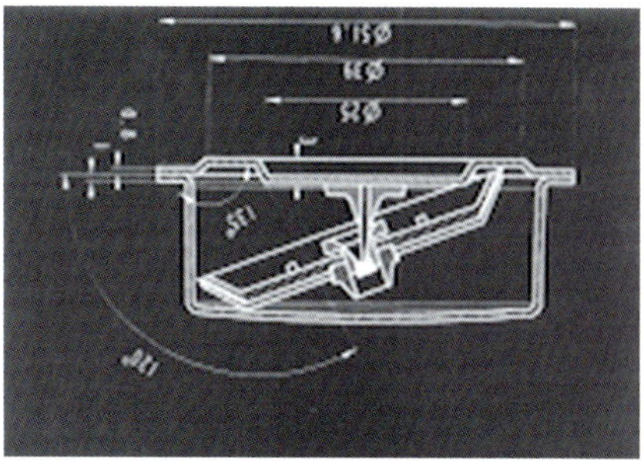

Querschnittszeichnung des im Mittelbild gezeigten Window-Kompasses von Seemann Sub.

In Konsole integrierter Kompass (Oceanic).

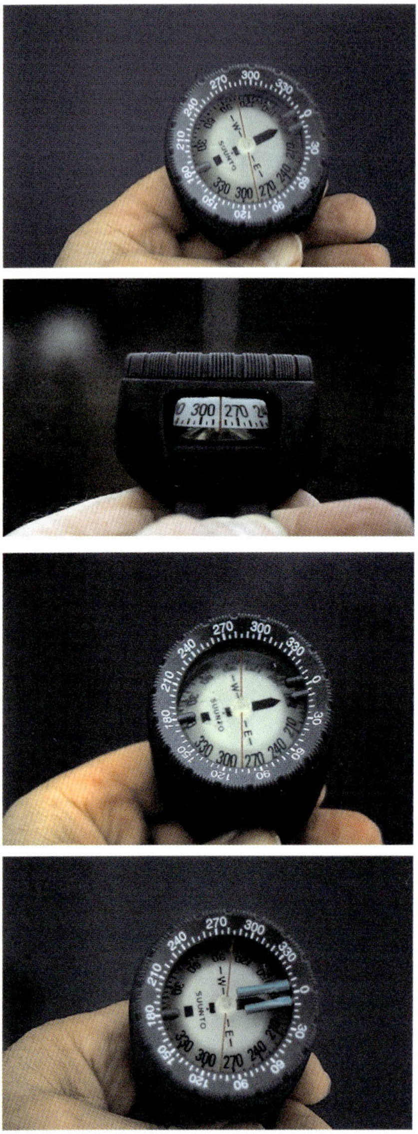

Da schon kleine Winkelverschiebungen beim Ablesen auf längere Distanz zu großen Kursabweichungen führen, kann man mit Markierungshilfen die Ablesegenauigkeit verbessern.

Arbeitsweise mit dem Kompass

Gerader Kurs

Das gewünschte Ziel wird über den Schwimmrichtungsstrich angepeilt und die Gradpeilung am seitlichen Peilfenster abgelesen. Der Kompass muss dabei waagerecht und ruhig vor das peilende Auge gehalten werden, genügend weit entfernt von Störeinflüssen wie z.B. Lampen mit starken Schaltmagneten oder der Druckluftflasche des Partners.

Danach dreht man den oberen, drehbaren Skalenring so weit, bis die seitlich abgelesene Gradzahl mit dem Schwimmrichtungsstrich übereinstimmt. Nun sind die am äußeren Skalenring angebrachten Marken (Gabel oder Pfeil) auf der Nord-Südrichtungsangabe. Beim Tauchen muss ich nun nur diese Markierungen zur Deckung bringen und habe so den richtigen Kurs. Unter Wasser wird der Kompass nur von oben beobachtet, das seitliche Peilfenster dient lediglich zur Anpeilung des Zieles über Wasser. Da der Kompassführer meist auch Gruppenführer ist, wäre eine sichere Gruppenüberwachung mit dauernd vor das Auge gehaltenem Kompass zum Ablesen des Kurses am Peilfenster kaum noch möglich.

Um bei geradem Kurs den Rückweg zu finden, braucht der äußere Skalenring nicht verstellt zu werden; man bringt nun nur die zweite, um 180° versetzte Markierung mit der Nord-Südrichtung zur Deckung. Hat man alles richtig gemacht, dem angezeigten Kurs geglaubt und hatte keine seitliche Strömung, findet man auch zum Ausgangspunkt zurück.

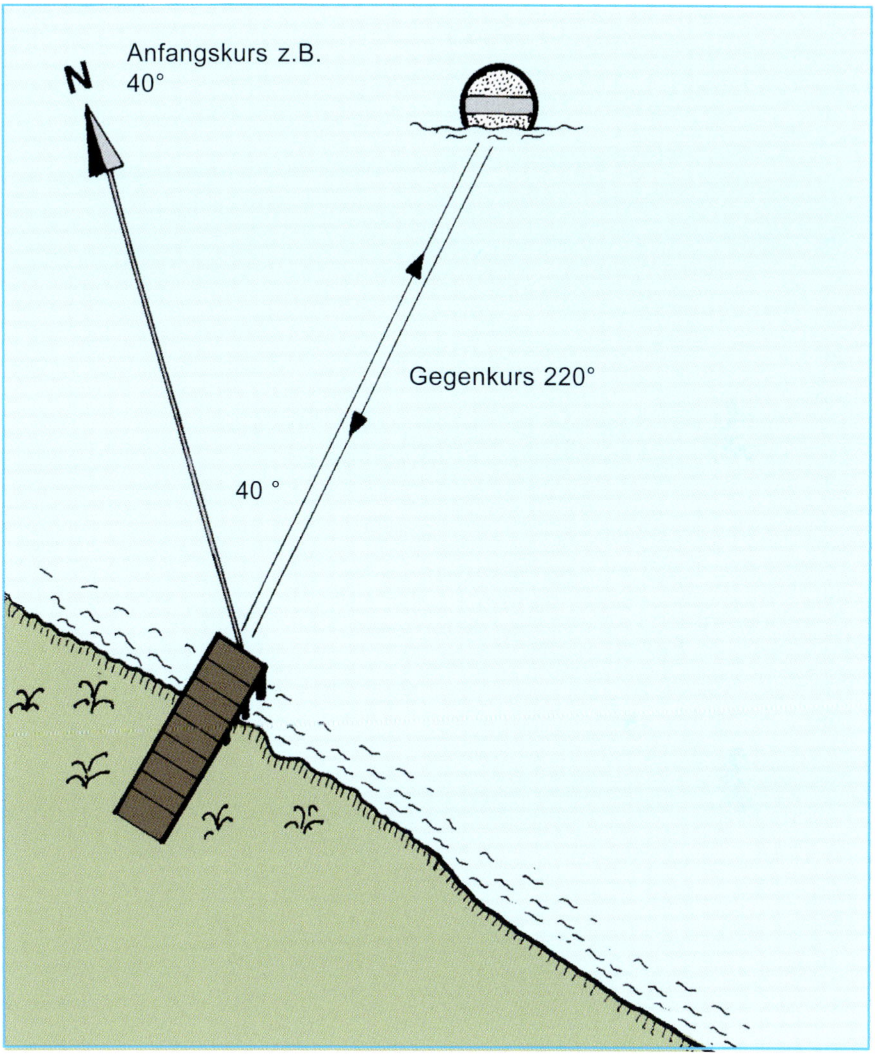

Gerader Kurs mit Wende und Rückkehr
Ziel anpeilen, Kompasskurs einstellen, Startzeit stoppen!
Bei der Wende Gegenkurs (+ oder –180°) einstellen und Zeit stoppen! Statt mit der Zeit kann auch mit der Zahl der Flossenschläge gearbeitet werden.

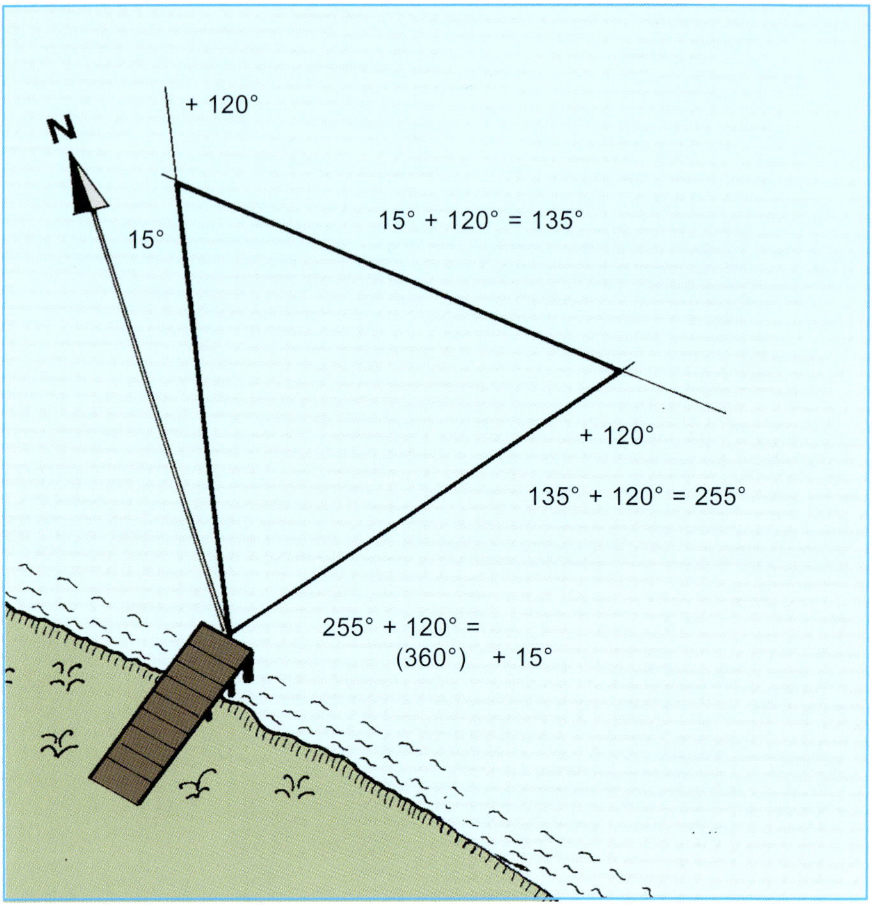

Dreieckskurs
Anfangskurs z.B. 15°. Bei Rechtsdrehung Werte addieren! Gleichseitiges Dreieck, Kantenlänge nach Zeit oder Flossenschlägen.

Merke
Bei Überschreiten der 360° ergeben sich die neuen Gradzahlen, indem man von der Gesamtzahl 360 abzieht:
255° + 120° = 375°, also
375° – 360° = 15°

Drei- und Viereckkurs
Soll der Kurs von dem reinen Hin- und Rückweg abweichen, wird die Kompassarbeit anspruchsvoller. Es kommen zwei zusätzliche Probleme dazu, das mehrfache Verstellen der äußeren Gradskala bei jedem Richtungswechsel und das Schätzen oder Messen von Entfernungen.
Bei einem Dreieckskurs soll beispiels-

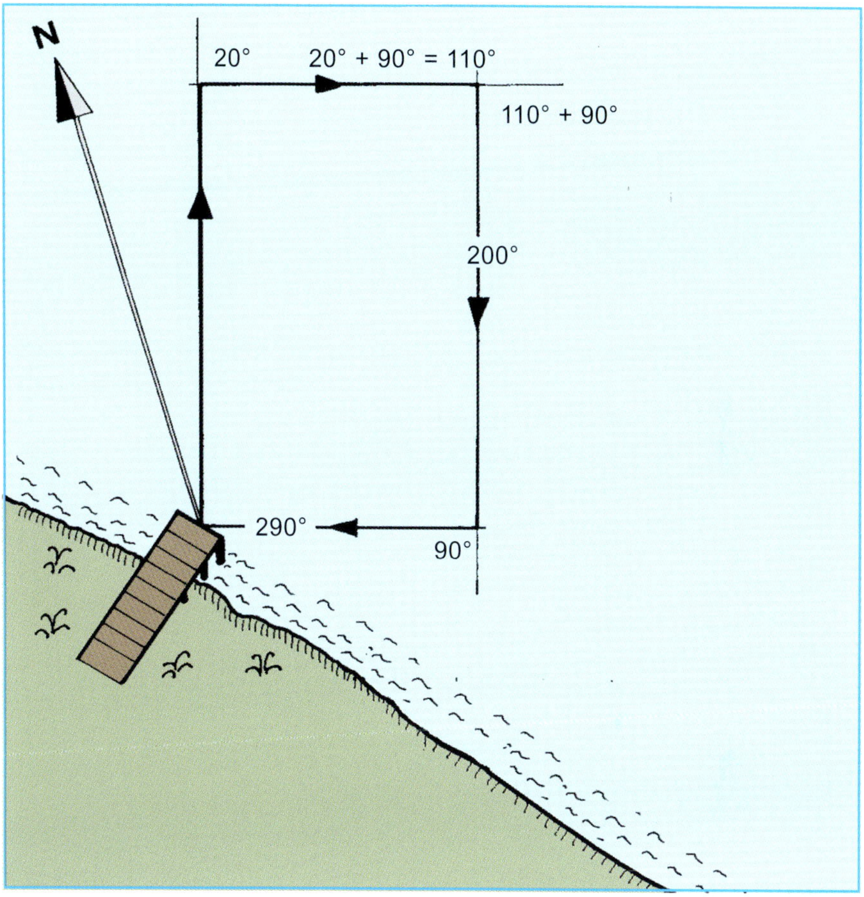

Rechteckkurs rechtsdrehend (3 Kurswechsel)
Die gegenüberliegenden Seiten müssen gleich lang sein!
Bei jedem Kurswechsel 90° addieren! Wird eine Gradzahl größer als 360°, dann 360° abziehen!
Bei linksdrehendem Kurs Werte jeweils abziehen!

weise der Endpunkt wieder am Ausgangspunkt sein. Die erste Strecke ist einfach, der Kurs wird gewählt, eingestellt und abgetaucht. Wichtig ist nun die genaue Einhaltung der Entfernungen, um richtig am Ziel zu landen. Das kann entweder durch Zählen der Flossenschläge oder bei größeren Entfernungen durch Messen der Zeit erfolgen, bei möglichst gleich bleibender Geschwindigkeit.

Am Ende jeder Geraden erfolgt ein Kurswechsel, bei einem Dreieckskurs um 120°, die bei einem rechtsdrehenden Kurs jeweils addiert, bei einem linksdrehenden Kurs subtrahiert werden müssen. Da es keine Winkelangabe über 360° – dem Vollkreis – gibt,

werden solche Übergänge wieder von 0 an gezählt.
Beispiel: 270° + 120° = 30° bei rechtsdrehendem Kurs oder 30° – 120° = 270° bei linksdrehendem Kurs.
Diese Kursänderungen erfolgen an jedem Eckpunkt und sind jeweils beliebte kleine Rechenspielchen zusätzlich zum normalen Tauchstress; ein Grund, warum die Kompassorientierung schon etwas Taucherfahrung voraussetzt.
Die äußere Kompassskala wird auf den errechneten Wert eingestellt, dann dreht sich der Taucher gefühlsmäßig langsam in die neue Richtung und beobachtet die Anzeige. Ist der neue Kurs erreicht, müssen die Marken wieder mit der Nord-Südmarkierung übereinstimmen, andernfalls liegt möglicherweise ein Rechenfehler vor.
Für die ersten Versuche kann man sich vor dem Tauchgang schon die entsprechenden Winkel errechnen und auf einer Schreibtafel notieren, so kann man sich voll auf die Kurs- und Entfernungsprobleme konzentrieren.
Bei einem Viereckskurs ist der Ablauf gleich, lediglich die entsprechend zu addierenden oder subtrahierenden Winkel bei jedem Kurswechsel sind 90°. Soll es nicht ein quadratischer, sondern ein rechteckiger Kurs sein, müssen jeweils die gegenüberliegenden Seiten gleich lang sein.

Orientierung in der Praxis

Die richtige Orientierung beginnt bereits vor dem Tauchgang. Kommt man an ein Gewässer, werden zuerst Kompasspeilungen gemacht; wie liegt das Gewässer, in welcher Richtung liegt das geplante Ziel, welcher Kurs muss getaucht werden, um zum Einstiegspunkt zurückzufinden, wo sind markante Punkte, Steilwände, Inseln und Ähnliches. Diese Details prägt man sich ein oder notiert sie auf einer Unterwasser-Schreibtafel.
Erfolgt der Start von einem Boot aus, beispielsweise an einer Riffkante, prägt man sich die Richtung des Riffs, den Sonnenstand sowie die Wellen- und Strömungsrichtung ein. Sehr häufig kann man erleben, dass Taucher, die sich rückwärts ins Wasser fallen lassen, dadurch kurzzeitig die Orientierung verlieren und dann zur falschen Seite – ins Blaue – abtauchen, wenn das Riff gerade etwas außerhalb der Sichtweite ist. Hat man den Kompasskurs eingestellt, startet man etwa in der angepeilten Richtung, auch wenn sie noch nicht exakt erreicht ist. Im freien Wasser kann man oft erleben, dass die Taucher, weil sie sich zu sehr mit der Einstellung des neuen Kompasskurses beschäftigen, absinken, ohne es zu merken. Daher starten, stabilisieren und dann korrigieren. Hat der Taucher gemerkt, dass er mehrmals in der gleichen Richtung korrigieren muss, hat er einen leichten Drall, die Kurskorrektur muss dann jeweils zur Kompensation über den gewünschten Kurs hinaus erfolgen.
Auch die richtige Haltung des Kompasses ist wichtig. Ist er auf einer Konsole befestigt, kann er in Schwimmrichtung gehalten werden, allerdings ist dann diese Hand blockiert. Ist der Kompass am Arm, erfordert es viel Erfahrung, den richtigen Kurs zu halten, ohne den Arm allzu stark beugen zu müssen. Hier ist es dann eine Hilfe, den

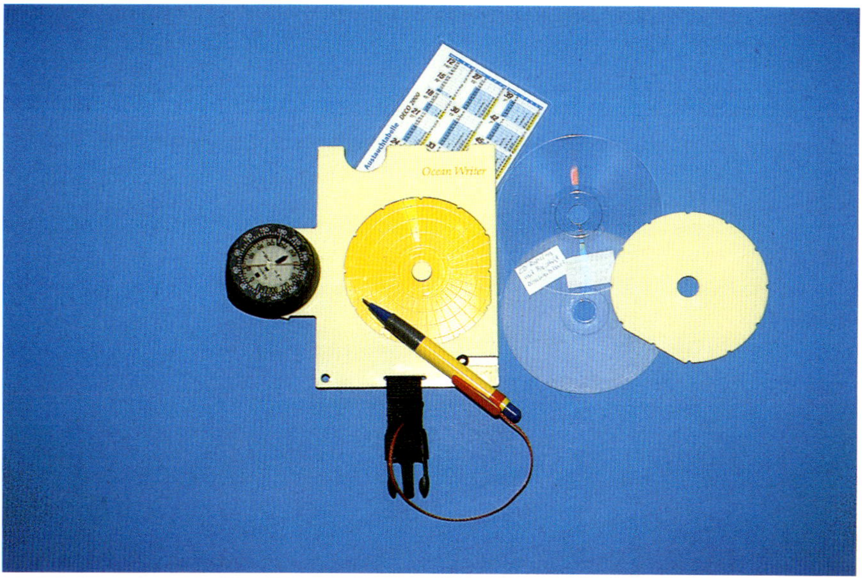

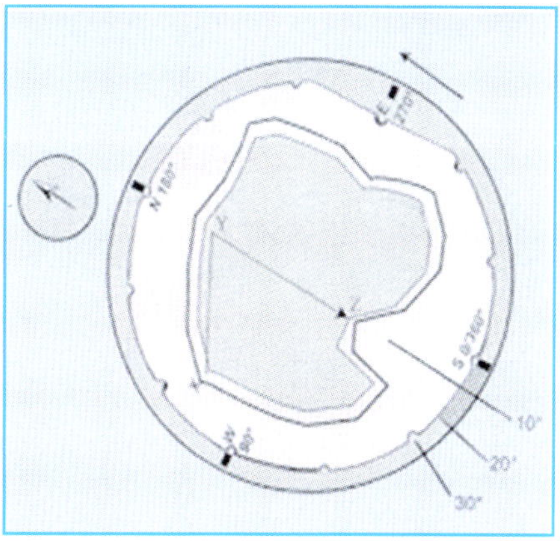

Der Oceanwriter bietet mit seiner Orientierungsscheibe und der Kompasshalterung eine gute Orientierungssicherheit. CD-Rohlinge können als preiswerte Ersatzscheiben eingesetzt werden. So lassen sich auch größere Gewässer erfassen. Eine ausführliche Gebrauchsanweisung hilft beim Einsatz des Oceanwriters. Die örtlichen Verhältnisse können auf die Scheibe aufgedruckt werden, so sind Briefing und Orientierung sehr einfach.
Link über: *www.divemaster.de*

freien Arm in Schwimmrichtung zu halten, während der Arm mit dem Kompass rechtwinklig abgebogen, auf den freien Arm aufgelegt wird. So sind allerdings beide Arme gebunden, und die Gruppenführung ist durch die Bewegungseinschränkung behindert.

Bei Nacht hält der Gruppenführer den Kurs, während der Partner schräg über ihm schwimmend mit seiner Lampe den Kompass anleuchtet. Solange der Kompass dann im Licht ist, braucht der Gruppenführer sich nicht nach dem Partner umsehen.

Ist man gegen Ende des Tauchgangs nicht mehr allzu tief und bereits in der Nähe des Ziels, hilft oft ein Blick zur Oberfläche. Oft sind das Ufer oder Reflexionen von der Bordwand zu sehen; bei Nacht, einigermaßen guter Sicht und beleuchtetem Boot nicht selten über 100 Meter Entfernung. Die Taucherlampen müssen dazu allerdings kurz ausgeschaltet werden.

Grundsätzlich sollten alle Gruppenmitglieder auf ihrem Kompass mindestens in etwa den getauchten Kurs mit verfolgen. Auch der beste Gruppenführer kann sich mal irren!

Neben der Tragweise ist auch die Haltung des Kompasses wichtig. Eine leichte Schräglage, und schon blockiert er. Beim Kauf eines Kompasses prüft man die maximal zulässige Schräglage, indem man den gewünschten Kompass auf eine immer schrägere Unterlage legt und mit einem zweiten Kompass, der kurz daneben gehalten wird, auslenkt. Die Auslenkung erfolgt, weil die Kompassnadeln magnetisch sind. Nach jeder Auslenkung muss der Kompass wieder in seine Ursprungsrichtung einschwenken, tut er das nicht, schleift er bereits am Gehäuse und blockiert. Ein sehr guter Kompass verträgt bis zu 30° Neigung.

Ein zweites Qualitätskriterium ist die Einschwingzeit. Der ausgelenkte Kompass muss nach einer Überschwingung in seiner Richtung einpendeln. Für den Nachttauchgang sollte der Kompass auch nachleuchtend sein; einmal mit der Lampe kurz angestrahlt, leuchtet er dann einige Minuten nach und kann abgelesen werden.

Schon mit kleinen Hilfsmitteln lässt sich vor dem Kauf die erforderliche Schräglagekontrolle durchführen. Notfalls kann man mit einem einfachen Geodreieck aus dem Schulgebrauch nachmessen, ob tatsächlich die 20°-30° ohne Blockierung erreicht werden.

Verloren, wieder gefunden.

Man kennt einen interessanten Punkt unter Wasser oder man verliert ein Ausrüstungsteil, das man unbedingt wieder finden will, eine interessante Orientierungsaufgabe.

Geht ein Ausrüstungsteil an der Oberfläche verloren, beispielsweise beim Sprung vom Boot oder beim Einstieg an der Leiter, sollte man versuchen, dem untergehenden Teil direkt zu folgen und es im Auge zu behalten. Ist es bereits außer Sichtweite, erfolgt das Abtauchen spiralig. Auch bei vermeintlich vollkommen senkrechtem Abtauchen hat man durch den abgewinkelten Kopf eine seitliche Abdrift, die durch das spiralige Abtauchen kompensiert wird, ähnlich einem Geschoss, das auch durch den gezogenen Lauf einen stabilisierenden Drall bekommt.

Will man einen unter Wasser gefundenen, interessanten Punkt wieder finden, misst man dessen exakte Tiefe und taucht einen geraden Kurs zum nächstliegenden Ufer unter Messung der Zeit. Ist das nicht möglich, muss aufgetaucht werden, um Peilmarken an Land zu suchen. Auch hier spiralig auftauchen! Ideal sind Peilmarken, bei denen jeweils im Winkel von 90° zwei markante Punkte an Land zur Deckung gebracht werden können, z.B. ein Baum mit einer Turmspitze oder ein Haus mit einem Berggipfel, hier sind, je nach Entfernung der Landmarken, metergenaue Peilungen möglich. Lassen sich keine entsprechenden Landmarken zur Deckung bringen, müssen einzelne Marken mit dem Kompass angepeilt werden. Auch hier sollten sie möglichst in einem Winkel von 90° liegen, um schleifende Schnitte zu vermeiden. Man peilt über den Schwimmrichtungsstrich die Objekte an und liest am seitlichen Peilfenster jeweils die Gradzahl ab. Man findet den gesuchten Punkt wieder, wenn man von der am nächsten liegenden, angepeilten Landmarke mit Gegenkurs so weit schwimmt, bis die Peilung der zweiten Landmarke erreicht ist. Da die Messbasis bei unserem Kompass sehr klein ist, ist auch die Genauigkeit, vor allem bei weit entfernten Landmarken, sehr gering, es lassen sich allenfalls große Objekte wieder finden, das Suchen von kleinen Teilen wie Taucheruhren oder Gebissen erfordert schon Geduld und viel Glück!

Kompasstauchen und Strömung

Problematisch wird die Einhaltung des richtigen Kurses bei Strömung. Kommen die Strömungen direkt von vorn oder hinten, stimmen nur die Entfernungen nicht mehr, da hilft nur Schätzen der Strömungsbeeinflussung. Seitliche Strömungen versetzen den Taucher, der den Kurs entsprechend vorhalten muss. Erfahrungsgemäß überkompensiert man den Versatz. Eine Lösung, die allerdings nur bei einigermaßen guter Sicht möglich ist, wäre das Anpeilen der gewünschten Richtung, wobei man sich auf einen markanten Punkt auf diesem Kurs konzentriert. Ist man an diesem Punkt angekommen, wird wieder gepeilt und ein neuer Punkt gesucht usw. Im Gegensatz zu normalen Tauchgängen sollte ein Gruppenmitglied zur Orientierung kurz auftauchen, wenn auch nur der Verdacht besteht, dass der Kurs nicht mehr ge-

Orientierung mit Kompass bei Strömung

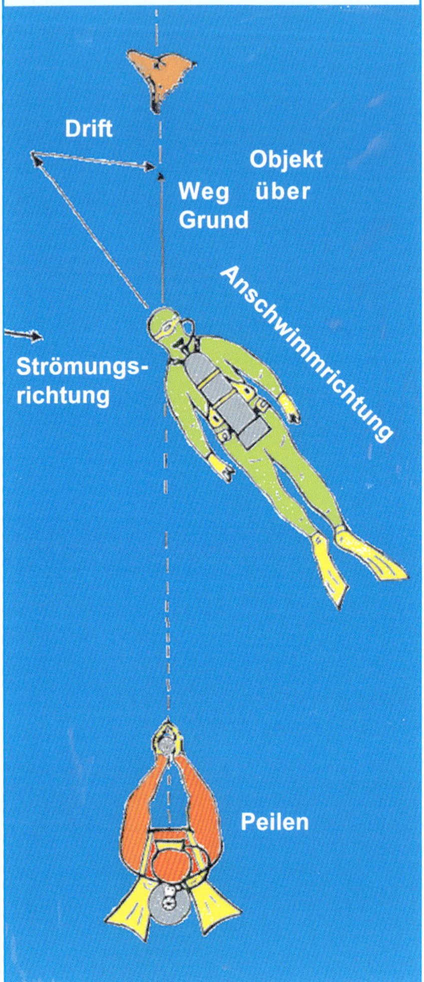

1. Richtung anpeilen. Ein Objekt (Stein, Koralle) innerhalb der Sichtweite in der angepeilten Richtung merken.
2. Dieses Objekt anschwimmen.
3. Nächste Peilung usw.

nau stimmt; auf jeden Fall muss vermieden werden, in Lee des Ziels aufzutauchen oder dass die Gruppe im freien Wasser dekomprimieren muss, da man in dieser Zeit bei Strömung weit abgetrieben werden kann (ein Anwendungsfall für den Dekoball!).

Kursablauf

Theoretische Vorbereitung

In der theoretischen Vorbereitung sollte unbedingt die mögliche Beeinflussung des Kompasses durch Eisen, Lampe, Computer, Uhr und Ähnliches geprüft werden, ebenso die maximal zulässige Schräglage.

Vorbereitung im Bad

Tauchen mit abgeklebter Maske im Hallenbad unter Aufsicht wird den TeilnehmerInnen sofort klar machen, wie schnell die Orientierung verloren geht, wenn sie nicht gerade mit den Fingern den Kachelfugen folgen.

Natürliche Orientierung

Die ersten Orientierungsversuche im Freigewässer sollten nach natürlichen Gegebenheiten erfolgen. Die allgemein gültigen Sicherheitsregeln des Tauchsports (wie z.B. „Tauche nie alleine") müssen bei allen Übungen beachtet werden. Das bedeutet, dass Übende von einem Taucher mit entsprechender Erfahrung begleitet und beobachtet werden müssen, der eventuell auch korrigierend eingreifen kann.

Ein Tauchgang sollte in etwa konstanter Tiefe dem Ufer entlangführen, unter genauer Beobachtung der Zeit. Umkehr nach etwa 10 Minuten.Bei gleicher Zeit müsste die Gruppe wieder genau am Ausgangspunkt angekommen sein.

Bei klarem Wasser und nicht zu großer Tiefe kann auch ein Tauchgang nach dem Sonnenstand geübt werden. Der Tauchgang beginnt beispielsweise mit der Sonnenrichtung rechts vorne. Diese Sonnenrichtung muss beim gesamten Hinweg kontrolliert und eingehalten werden, auch wenn das innere Richtungsempfinden eine abweichende Richtung angibt, der Sonnenstand hat Recht! Für den Rückweg muss dann die Sonne links hinten stehen. Auch hier sollte die Zeit für Hin- und Rückweg kontrolliert werden, wahlweise auch der Luftverbrauch, der bei etwa gleicher Tiefe und gleicher Belastung relativ konstant ist.

Eine gute Übung ist auch das leinengeführte Tauchen. Die Tauchgruppe, die maximal aus Übenden und Beobachter bestehen sollte, wird von einem Leinenführer an Land mittels abgesprochenen Leinensignalen zu einem bestimmten Punkt geführt. Auch hier besteht der Trainingseffekt darin, dass die TaucherInnen ihr inneres Richtungsempfinden vollkommen ausschalten müssen. Die Leine muss dabei immer leicht gespannt sein, damit die Signale übertragen werden können.

Vorbereitung auf die Kompassorientierung an Land.

Eine gute Vorbereitung an Land ist das Abschreiten von links- und rechtsdrehenden Dreiecks- und Viereckskursen, wobei die TeilnehmerInnen durch ein übergehängtes Handtuch an der Sicht auf äußere Orientierungspunkte gehindert werden. Sie bekommen den Anfangskurs sowie die Anzahl der Schritte und müssen dann durch Rechnen und Zählen wieder am Startpunkt ankommen. Das Gleiche wird dann im Wasser nur mit Schnorchel geübt, wobei der Kopf natürlich nicht aus dem Wasser gehoben werden darf. Diese Übung kann noch ohne Partner erfolgen, da nur geschnorchelt wird. Erst wenn diese Übungen fehlerfrei absolviert wurden, wird mit einem beobachtenden Partner abgetaucht, um die gleichen Übungen unter Wasser zu versuchen.

Kompassorientierung im Wasser

Erfahrungsgemäß werden die TeilnehmerInnen bei ihren ersten Versuchen zwar fasziniert auf den Kompass starren, dessen langsam auswandernde Anzeige aber ignorieren bzw. durch immer schrägeres Abwinkeln des Armes zu kompensieren versuchen, sie glauben nur ihrem Gefühl. Je nach Starrsinn sind zwei oder drei Vollkreise nötig, bis sie nur noch der Nadel folgen! Da die Orientierung aus Richtung und Entfernung besteht, muss auch diese gemessen werden. Hierzu wird eine 50-m-Leine am Grund verankert, dieser wird zweimal entlanggetaucht, wobei Zeit und Anzahl der Flossenschläge bei normaler Tauchgeschwindigkeit ermittelt werden. Diese Werte sollten im Logbuch vermerkt werden, um jederzeit wieder nachgeschlagen werden zu können.

Kaufkriterien für den Kompass

Obwohl im Text schon teilweise erwähnt, hier noch alle Details, auf die man beim Kauf eines Kompasses achten sollte.

Funktion in Schräglage

Es erfordert schon viel Praxis, den Kompass immer waagerecht zu halten, leicht gekippt streift er im Gehäuse und blockiert. Bis zu welcher Schräglage der Kompass noch funktionsfähig bleibt, ist daher ein äußerst wichtiges Kaufkriterium. Der Kompass wird dazu auf eine schräge Unterlage gelegt und mit einem zweiten Kompass oder einem Magneten (z.B. dem Schaltmagneten einiger Taucherlampen) ausgelenkt. Er muss dann wieder in die richtige Richtung schwingen. Durch Vergrößerung der Schräglage kann der Grenzwinkel bestimmt werden, bei dem die Kompassscheibe gerade noch zurückschwingt. Ein guter Kompass sollte eine Schräglage von 20° noch verkraften.

Einstellzeit

Nach einer Auslenkung soll die Kompassscheibe möglichst schnell und mit maximal zwei Überschwingungen in die richtige Lage einpendeln. Maßgebend dafür ist das Dämpfungsöl im Gehäuse. Einstellzeiten unter fünf Sekunden sollten angestrebt werden.

Erkennbarkeit der Nordrichtung

Gerade bei schlechter Sicht und Dunkelheit ist der Kompass wichtig. Der Nordpfeil sollte daher ausgeprägt, groß und kontrastreich sein, ebenso wie die Skalenbeschriftung. Hier wird viel gesündigt, man hat den Eindruck, dass nicht der Praktiker, sondern der Designer bestimmend ist.

Nachleuchtdauer bei Nacht

Kurz mit der Taucherlampe angestrahlt, sollten die Skalen noch einige Minuten nachleuchten, um auch im Dunkeln noch ablesbar zu sein.

Verstellbarkeit des Einstellringes auch mit Neoprenhandschuhen

Ein gut einstellbarer Ring, der über das Gehäuse hinausragt, birgt allerdings die Gefahr, das er, am Arm getragen, beim Anziehen des Gerätes von der Bänderung abgerissen wird. Die gleiche Gefahr besteht, wenn man unter Wasser leicht hängen bleibt. Viele unter Wasser gefundene Ringe bestätigen diese Gefahr.

Länge und Dehnbarkeit des Armbandes und dessen Verschluss

Der Kompass sollte sich auch mit Neoprenhandschuhen sicher und schnell auch über den Ärmel eines Trockentauchanzuges befestigen lassen.

Unbedingt geprüft werden muss auch die mögliche Beeinflussung durch andere Geräte. Es gibt beispielsweise Tauchcomputer, die magnetisch sind, auch Taucheruhren und Tiefenmesser mit diesen störenden Eigenschaften haben wir schon gefunden.

Generell nach dem Kauf alle Geräte prüfen. Dazu wird der Kompass auf den Tisch gelegt und ein Gerät nach dem anderen aus zwei verschiedenen Richtungen dem Kompass genähert. Die Anzeige darf sich nicht verändern. Möglicherweise dürfen dann der Computer und der Kompass nicht am gleichen Arm getragen werden. Auch die Einflussweite einer möglichen Taucherlampe kann so getestet werden. Starke Schaltmagnete wirken noch aus 50 Zentimeter Entfernung, die logische Erklärung für viele falsch getauchte Richtungen.

Hilfsmittel zum Kompass

Es gibt drehbare und beschreibbare Scheiben mit eingebautem Kompass und Stoppuhr, auf die man fortlaufend den aktuellen Kurs und die Zeit bzw. die zurückgelegte Strecke notiert und sofort die Richtung und die Entfernung zum Ausgangsort ablesen kann. Das funktioniert allerdings nur, wenn die Navigation Selbstzweck ist und Kurs und Zeit genau notiert werden. Bei den normalen Genusstauchgängen, hier mal verweilen, dort mal begleiten und beobachten, funktioniert das nicht mehr. Zur Übung aber recht brauchbar!

Andere Möglichkeiten, den Rückweg wieder zu finden.

Ein neu entwickeltes Sonargerät, das „EyeSea“ soll dem Taucher jederzeit Richtung und Entfernung zu seinem Ausgangspunkt angeben. Es besteht aus einem Sender, der unter das Boot oder am Einstiegsort in das Wasser gehängt wird, und dem Empfänger, der vom Taucher wie ein Tauchcomputer am Arm getragen wird. Der Sender sendet in einer wählbaren Frequenz Ultraschallimpulse aus, die vom Empfänger aufgenommen und verarbeitet werden. Dazu werden beim Start die Quarzuhren im Sender und Empfänger synchronisiert. Aus der Zeitverzögerung des ankommenden Signals errechnet der Empfänger den Abstand zum Sender, während die Richtung des ankommenden Signals von internen Sensoren erfasst und auf einer kreisförmigen Skala angezeigt wird.

Um bei mehreren Gruppen mit unterschiedlichen Startpunkten Verwechslungen zu vermeiden, kann bei dem einfachen Gerät zwischen vier, bei dem Gerät, das für Tauchbasen gedacht ist, zwischen acht Frequenzen gewählt werden. Pro Sender sind mehrere Empfänger möglich, da diese sich nicht gegenseitig beeinflussen. Die Reichweite und die Genauigkeit sind stark abhängig von den Umgebungsbedingungen. Bei flach auslaufenden Gewässern haben auch die auf Sonar spezialisierten Wale Probleme und stranden, so auch unser Ultraschallempfänger. Auch bei Hindernissen wie Felsen oder Riffen, die zwischen Sender oder Empfänger liegen, kann es zu Störungen kommen. Auch Sprungschichten, die Ultraschallsignale durch Dichteänderungen reflektieren, stören, eine Tatsache, die sicher so manchem U-Boot im Krieg das Entkommen ermöglichte.

Fällt der Empfang des Signals am Empfänger aus, erscheint eine Anzeige, die die TaucherInnen warnt. Ein Kompass und der vorher beobachtete Kurs sind dann doch wieder hilfreich!

Unter günstigen Umgebungsbedingungen ist die Reichweite über 1000 Meter. Eine Zusatzfunktion ist der Rückrufmodus. Wird beispielsweise vom Boot aus getaucht, kann über den Sender ein Signal an die TaucherInnen gesendet werden, um diese sofort zurückzurufen, beispielsweise bei einem drohenden Unwetter oder einem losgerissenen Anker. Die Richtungsanzeige bleibt erhalten, lediglich die Entfernungsanzeige fällt aus.

EyeSea: Empfänger und Sender.

Aufgaben für den Orientierungskurs

Sie sind nicht als Prüfung gedacht, sondern sollen selbst erprobt bzw. in der Gruppe diskutiert werden.

Praktische Aufgaben

Mein Kompass arbeitet noch bei einer Neigung von...........°.
(Ein 30 Zentimeter langes Lineal an einem Ende hochgehoben ergibt etwa bei 8 cm 15°; bei 11 cm 20° und bei 14 cm 25°).

Mein Tiefenmesser lenkt meinen Kompass ....° ab.

Mein Tauchcomputer lenkt meinen Kompass ....° ab.

Meine Uhr lenkt meinen Kompass...........° ab.

Meine Lampe lenkt meinen Kompass ....° ab bis in eine Entfernung von ...... Zentimeter.

Für eine 100 Meter lange Tauchstrecke benötige ich .... Flossenschläge und .... Minuten.

Theoretische Aufgabe

1. Welche Gefahren sind bei falscher Orientierung denkbar?
2. Welche Möglichkeiten der natürlichen Orientierung gibt es?
3. Wann benötigen wir unter Wasser einen Kompass?
4. Was kann einen Kompass ablenken?
5. Wie ist die Vorgehensweise, wenn die Gruppe quer über den See und zurück tauchen will?

6. Die Kompassrose hat 360°, welcher Gradzahl würde ein Rechenergebnis von 405° entsprechen? Welcher Himmelsrichtung entspräche das?

7. Welche Winkelgrade muss ich am Kompass einstellen, wenn ich einen rechtsdrehenden Rechteckkurs ausgehend von 60° durchtauchen will?

8. Welche Winkelgrade muss ich einstellen, wenn ich einen linksdrehenden Dreieckskurs ausgehend von 180° durchtauchen will?

9. Welchen Winkel muss ich am Kompass einstellen, wenn ich nach einem Kurs von 245° zum Ausgangspunkt zurück will?

10. Was muss ich bei einer Strömung berücksichtigen?

Antworten

1. Unbemerktes Tauchen in Gefahrenbereichen (Fahrwasser von Schiffen, unter Eis, in Netze, in Brandungszonen usw.) oder zu weit weg vom Boot oder vom Einstieg, bei Strömung weit in Lee vom Boot.

2. Orientierung an Hand der Böschung, der Tiefenlinie, des Sonnenstandes, der Wellenrichtung und der Strömung oder mittels auffälliger Unterwasserformationen.

3. Wenn die natürliche Orientierung z.B. wegen Dunkelheit, schlechter Sicht oder Unübersichtlichkeit nicht mehr ausreicht.

4. Andere, daneben getragene Instrumente, die Druckluftflasche, die Taucherlampe, große Metallteile in der Nähe (Wracks) etc.

5. Gegenüberliegendes Ziel anpeilen, abgelesene Gradzahl einstellen und die Schwimmrichtung so halten, dass der Nordpfeil immer zwischen der Gabel steht. Für den Rückweg die Richtung um 180° verstellen oder zweite Marke an der Skale verwenden.

6. 405° – 360° = 45°, entspricht Richtung Nordost.

7. Anfangskurs 60°, bei einem Rechteckkurs rechtsdrehend muss jeweils 90° addiert werden, also:
   60° + 90° = 150°
   150° + 90° = 240°
   240° + 90° = 330°.

8. Anfangskurs 180°, bei einem Dreieckskurs linksdrehend muss jeweils 120° abgezogen werden:
   180° – 120° = 60°
   60° – 120° = 300 Grad (60° + 360° – 120°).

9. Entweder ich verwende die auf der Skale um 180° versetzte Markierung oder ich stelle 245° – 180° = 65° ein.

10. Ich muss mögliche seitliche Abdrift berücksichtigen. Dazu immer nur in der gewünschten Richtung im Sichtbereich vorhandene Punkte anschwimmen und dann neu peilen.

Nachttauchen

Nachts sind alle Katzen grau, sagt der Volksmund, das gilt allerdings nicht, wenn man als TaucherIn eine Lampe dabei hat. Die Explosion der Farben von Korallen oder Schwämmen im Scheinwerferlicht, die Konzentration auf Details im engen Lichtkegel und die Begegnung mit nachtaktiven Lebewesen, das sind Motivationen für Nachttauchgänge. In diesem Kapitel werden die Rahmenbedingungen für einen erfolgreichen Nachttauchgang zusammengestellt.

Tauchgänge bei Nacht sind Tauchgänge mit erhöhtem Risiko; Zusatzrisiken wie Strömungs-, Deko-, Wrack- oder Höhlentauchgänge sollten vermieden werden. Das Hauptrisiko ist allerdings die Psyche. Das Gewässer, die Ausrüstung und die taucherischen Fähigkeiten sind ja die gleichen wie bei dem Tauchgang, der unter Umständen nur wenige Stunden vorher an gleicher Stelle am Tage stattfand.

Voraussetzungen

Bei Dunkelheit kommen eben menschliche Urängste hoch, die manche TaucherInnen veranlasst, mit Hochleistungslampen von 50 bis 100 Watt und mehr zu tauchen, mit denen wild herumgefuchtelt wird, sodass es von außen mehr nach einem Kampf der Yeti-Ritter aus den Fernsehserien aussieht als nach einem entspannten Tauchgang. So sollte aber ein Tauchgang nicht ablaufen.

Die Forderungen an die Ausrüstung sind ähnlich wie bei allen Tauchgängen, sie soll vollständig, angepasst, bekannt und funktionsfähig sein.

Lampen

Vollständig, dazu gehört als wichtigstes Ausrüstungsteil bei Nachttauchgängen eine zuverlässige, möglichst dimmbare Lampe mit maximal 30 bis 50 Watt und ausreichender Brenndauer, sodass sie auch noch beim Umziehen und auf dem Weg in das Gewässer helfen kann.

Forderungen an eine Lampe sind:

- Druckfestigkeit, Tiefentladeschutz, Restladeanzeige (z.B. blinken).
- Kratz- und schockfestes Frontglas, sodass die Lampe auch über Wasser eingeschaltet werden kann und keinen Schaden nimmt, wenn man mit eingeschalteter Lampe in das Wasser springt.
- Schlag- und Kratzschutz vor allem an der Vorderkante.
- Stabiler Griff, vorne etwas eingebogen, damit er beim Einhängen in den Brustgurt des Jackets nicht so schnell wieder herausfällt. Der Griff sollte für Tauchgänge in kalten Gewässern thermisch isoliert sein, damit die Hand nicht so schnell auskühlt.
- Armlanges Band mit Karabinerhaken zum Einhängen in einen D-Ring des Jackets, damit die Lampe nicht verloren geht, wenn sie einmal losgelassen wird.
- Gute Bedienbarkeit des Schalters für Ein- und Ausschaltung, Dimmung und Blinksignalschaltung auch mit dicken Neoprenhandschuhen, mit Einschalt- und Transportsicherung für Flugreisen.
- Einfache oder doppelte O-Ring-Dichtung auf den Durchmesser mit innen liegendem Gewinde.
- Schnellllademöglichkeit, um auch bei mehreren, schnell aufeinander folgenden Tauchgängen eine funktionsfähige Lampe zu haben.

Mehr Sicherheit durch Notsignal, gut leuchtende Instrumente, Reflexstreifen, Signalpfeife.

Der Leuchtwinkel des Brenners richtet sich nach dem geplanten Einsatz und den Umgebungsbedingungen. So würde beispielsweise ein Breitstrahler bei schlechter Sicht einer Fahrt in dichtem Nebel gleichen. Hier ist ein Spot besser, er muss aber häufiger geschwenkt werden, da immer nur ein kleiner Sektor beleuchtet wird. Auch die beste Lampe kann ausfallen, daher sollte pro Gruppe immer noch eine Ersatzlampe vorhanden sein.

Ein besonderes Kapitel ist das richtige Führen der Lampe. Wildes Herumschwenken erzeugt Hektik! Man sollte sich daran gewöhnen, die Lampe ruhig und gleichmäßig zu schwenken, ähnlich der Bewegung des Scheibenwischers am Auto.

Ausrüstung

Angepasst und vollständig soll die Ausrüstung auch sein. Dazu gehört, dass alle Instrumente beleuchtbar oder nachleuchtend sind, um auch ohne Lampe den Tauchgang kontrollieren zu können. Wichtig ist bei Nacht nicht nur, dass man sieht, sondern auch, dass man gesehen wird, vor allem, wenn man entfernt vom Boot auftaucht. Wie bei allen Tauchgängen im Meer gehört auch hier die komplette Sicherheitsausrüstung dazu, die jedes Gruppenmitglied bei sich tragen sollte. Dazu gehören:

Reflexstreifen und nachleuchtende Pats am Jacket.

Signalblitz, kleines, druckfestes Gerät, das mit einer 1,5-V-Batterie bestückt

15 bis 20 Stunden alle zwei bis fünf Sekunden einen hellen Blitz aussendet. Sie werden auch häufig zur Beleuchtung der Einstiegsleiter bei nächtlichen Bootstauchgängen eingesetzt. Über Wasser ist das Licht je nach Standhöhe des Beobachters über mehrere Kilometer sichtbar.

Leuchtstäbe. Sie erzeugen das Licht nicht über Batterien, sondern chemisch wie die Glühwürmchen. Sie arbeiten auch unter Wasser einwandfrei. Sie bestehen aus einem unter Schutzgas in Folie eingeschweißten Kunststoffröhrchen mit der Leuchtflüssigkeit. Darin schwimmt eine verschlossene Glasampulle mit der Aktivatorflüssigkeit. Durch stärkeres Durchbiegen zerbricht die Ampulle, beide Flüssigkeiten mischen sich und das Röhrchen beginnt zu leuchten. Das Licht ist in den ersten 3 Stunden am stärksten und lässt dann langsam nach, ist aber nach 10 Stunden immer noch ausreichend, um Instrumente abzulesen. Die Helligkeit ist auch abhängig von der Wassertemperatur, je kälter desto dunkler! Wird das aktivierte Röhrchen nach dem Tauchgang in der Tiefkühltruhe aufbewahrt, kann es am nächsten Tag nochmals verwendet werden. Die verpackten Röhrchen sind nicht unbegrenzt haltbar. Ist das Schutzgas erst einmal entwichen, hat sich das Röhrchen durch eingedrungene Feuchtigkeit deaktiviert. Die im Röhrchen enthaltene Flüssigkeit ist ungefährlich, um den Plastikeinsatz aber zu minimieren, sollten sie nur im Notfall eingesetzt werden. Da sie in mehreren Farben lieferbar sind, werden sie oft benutzt, um bei mehreren, gleichzeitig tauchenden Gruppen die Gruppenführer zu kennzeichnen. Bei warmem Wasser ist ein frisch aktiviertes Röhrchen bei Nacht über mehrere 100 Meter sichtbar.

Nikosignal. Eine mit sechs Signalpatronen bestückte Abschussvorrichtung. Wenn es sich um rote Signalmunition handelt, darf nur im echten Notfall geschossen werden. Nachteilig ist, dass diese Munition nicht bei Flugreisen mitgeführt werden darf. Die Signalrakete steigt etwa 50 Meter hoch und ist so mehrere Kilometer weit sichtbar.

Akustische Signalmittel. Dazu gehört die bekannte Signalpfeife und das „Alert-Signal", eine mit Pressluft vom Inflatoranschluss betriebene Signalpfeife, die sehr weit hörbar ist.

Zur vollständigen Ausrüstung gehört auch, dass jedes Gruppenmitglied einen zweiten Atemregler oder zumindest einen Oktopus mitführt, da die heute kaum noch geübte Wechselatmung bei Nacht noch weniger funktioniert.

Ein Messer, wenn auch nur ein kleines, ist ebenfalls Pflicht, da man bei Nacht mit dem eng begrenzten Leuchtwinkel schnell einmal in ein Netz oder eine Angelleine hineingerät und sich freischneiden muss.

Die gesamte Ausrüstung muss eng am Körper getragen werden, kein Teil darf abstehen, um das Verhängen z.B. in Korallen schon aus Umweltschutzgründen zu verhindern.

Die Ausrüstung muss bekannt sein, und zwar blind! Das gilt für die eigene Ausrüstung wie für die des Partners, dem man ja im Notfall beistehen soll!

Wegen der Brechung der Lichtstrahlen an der Oberfläche kann der Taucher „um die Ecke sehen". Ist der Einfallswinkel (α) aber kleiner als 42°, erfolgt eine Totalreflexion, allerdings nur bei vollkommen glatter Oberfläche (β). Auch der Mond kann zur Orientierung herangezogen werden – wenn er zu sehen ist. Er verändert aber seine Stellung alle zwei Minuten um ca. einen Monddurchmesse. Obiges Beispiel: Mondstellung nach 4 Minuten.

Voraussetzungen der Tauchpartner

Diese sollten bereits eine ausreichende Taucherfahrung besitzen, sodass Probleme mit der Ausrüstung oder mit der Tarierung kein Thema mehr sind. Wie generell richtet sich die Planung nach den TauchpartnerInnen mit der geringsten Erfahrung.

Aus mehr als drei TaucherInnen sollte die Gruppe nicht bestehen, wobei immer nur ein Neuling dabei sein sollte. Für ihn gilt besonders: absolute Ehrlichkeit! Schon bei den ersten Anzeichen von Unsicherheit muss er den Gruppenführer verständigen, der dann sinnvollerweise auf Handführung übergehen sollte, bis das Problem bereinigt ist. Das bedingt eine genaue Tauchgangsvorbesprechung und einen geringen Abstand zwischen den einzelnen Gruppenmitgliedern während des Tauchgangs. Der Neuling sollte dabei immer in die Mitte genommen werden.

Planung eines Nachttauchgangs

Das Gewässer für den geplanten Nachttauchgang sollte von vorhergegangenen Tauchgängen bekannt sein, schon um die Orientierung zu erleichtern. Um den ersten Kontakt mit der Dunkelheit zu erleichtern, kann der Tauchbeginn in die Dämmerung verlegt werden, auch eine helle Vollmondnacht gibt eine vertrauenerweckende Resthelligkeit! Weitere Forderungen an das Gewässer sind:

- Sicherer Ein- und Ausstieg ohne steile Abstiege oder vorgelagerte Pflanzeninseln oder Untiefen.
- Keine starke Brandung oder Strömung (stabiles Wetter, Gezeitenkontrolle!).
- Ausreichend gute Unterwassersicht und keine Unterwasserhindernisse wie Netze, Leinen, Kabel, Bäume oder Höhlen, in die man unbemerkt hineinschwimmen könnte.
- Keine Überwasseraktivitäten wie Baggerbetrieb oder Schiffsverkehr.

Gerade vor Nachttauchgängen sind die genaue Überprüfung der Ausrüstung und ein sorgfältiger Partnercheck wichtig. Das bedingt eine Beleuchtung, die auch nach dem Tauchgang wichtig ist, um das Liegenlassen von Ausrüstungsteilen zu vermeiden.

Komme ich sicher in das Gewässer und wie sieht das Gewässer aus?

Diese Frage muss vorher noch bei Helligkeit geprüft werden.

Mindestens genauso wichtig ist aber die Frage: *Wie finde ich wieder zum Einstieg zurück?* Die Kompassorientierung alleine hilft da nicht immer. Die Ein- und Ausstiegsstelle muss daher gekennzeichnet bzw. beleuchtet werden, gegebenenfalls sogar mittels zweier hintereinander liegender Lichtquellen, um über die Peilung einen genauen Kurs einhalten zu können, wenn der Ausstieg sehr schmal oder verwinkelt ist.

Zur Kennzeichnung können Lampen, Blitzgeräte oder auch Feuer dienen, wenn sie genügend lange brennen und bewacht sind. Auch Reflexbänder oder Katzenaugen sind hilfreich, da sie unauffällig sind und nur zurückstrahlen, wenn sie von den auftauchenden Tauchern mit der Lampe angestrahlt werden. Geprüft werden muss auch, ob eine besondere Kennzeichnung durch die Behörden gefordert wird, etwa in Form einer beleuchteten Taucherflagge oder der übereinander liegenden rot-weiß-roten Lampen am Mast eines Bootes, von dem aus getaucht werden soll. Bei Bootstauchgängen in einigermaßen klarem Wasser hat sich auch die Kennzeichnung der Einstiegsleiter oder des Ankers mit einem Signalblitz bewährt.

B. l. oben: Die besondere Nachtfärbung eines „schlafenden Kaiserfisches". Viele TaucherInnen wundern sich oft über die tollen Fischportraits... Wer sich auskennt, dem zeigt der „Schlafanzug", ob die Aufnahme aus schlaftrunkener Nachtzeit oder aktiver Tageszeit stammt.

B. l. unten: Die Spanische Tänzerin ist nur nachts unterwegs.

B. r. oben: Nachtfarbener Kugelfisch aus dem Roten Meer.

B. r. Mitte: Papagaifische produzieren für die Nacht einen schützenden „Schleimschlafsack".

B. r. unten: Auch Süßwasserfische unserer Gewässer zeigen eine deutliche Nachtfärbung.

Briefing und Tauchgangsbesprechung
Die eigene Ausrüstung wie auch die aller PartnerInnen muss – wie bereits erwähnt – blind bedient werden können, also sehr genau anschauen und erklären. Tauchgangsablauf (Tiefe, Dauer, was tun, wenn...) und Tauchformation absprechen, Neulinge in die Mitte nehmen. Besonders wichtig ist die Anwendung der Zeichensprache bei Nacht. Einmal gibt es speziell abgewandelte Zeichen, die mit der Lampe gegeben werden, wie das O.K.-Zeichen (kreisförmiges Schwenken der Lampe) oder das Notsignal (vertikales Schwenken der Lampe). Natürlich können auch die üblichen Unterwasserzeichen gegeben werden, wobei aber sehr genau darauf geachtet werden muss, dass die TauchpartnerInnen nicht geblendet werden. Am besten ist es, das Zeichen mit der Hand vor der Brust zu machen und mit der Lampe anzustrahlen, wobei der Lichtstrahl vom Partner wegzeigen muss.
Die übliche Notfallplanung unterscheidet sich von der am Tage durch zwei wichtige Faktoren:

- Die Dunkelheit erschwert jede Rettungsaktion.
- Ärzte, Krankenwagen, Druckkammern, Apotheken usw. sind bei Nacht schlechter zu erreichen.
- Also Eigensicherung (O_2-Gerät, Handy, keine Risiken, Helfer an Land!).

Der Tauchgang

Der Reiz eines Nachttauchganges liegt einerseits an den vielen nachtaktiven Lebewesen, denen man jetzt begegnet, andererseits auch an den schlafenden Fischen, die wir von den Tagtauchgängen her kennen. Viele dieser Fische haben dabei eine vollkommen andere Färbung als am Tage. Wir sollten es uns angewöhnen, diese schlafenden Fische nicht zu lange direkt anzustrahlen oder gar zu berühren, da sie sonst erschrecken und sich bei der Flucht verletzen könnten.
Will man sich einmal einen dieser Fische etwas genauer ansehen, muss die Lampe gedimmt werden oder man verdeckt die Frontscheibe der Lampe teilweise mit der Hand, umso den Lichtschein zu dämpfen. Ansonsten gelten für den Umweltschutz die gleichen Regeln wie am Tage auch: immer gut tariert, Abstand zum Boden, nichts berühren!
Endlich ist es so weit, wir tauchen ab! Das sollte am Grund entlang oder, wenn es ein Tauchgang vom Boot aus ist, an der Ankerleine entlang erfolgen, da der freie Abstieg ins Dunkle etwas gewohnheitsbedürftig ist. Die Lampen sollten dabei aber immer angeschaltet bleiben, um den Zusammenhalt der Gruppe zu erleichtern. Bei Partnerverlust wird die Lampe kurz ausgeschaltet, um möglicherweise den oder die Partner durch den Lichtschein seiner Lampe bzw. ihrer Lampen doch noch zu finden. Dieses Abschalten darf aber nur jeweils kurze Zeit erfolgen, da die anderen genauso handeln; bei zwei ausgeschalteten Lampen findet man nicht mehr zusammen. In solch einem Fall wie am Tage auch langsam auftauchen. Über Wasser sollten die Lampen ausgeschaltet werden, da eine brennende Lampe

B. l. oben: Sepien sind nachts auf Beutefang, dann werden schlafende Fische leichte Opfer.

B. l. unten: Federsterne fangen nachts mit ihren Armen Plankton aus der Strömung.

B. r. oben: Viele Hohltiere (Coelenteraten) entfalten sich nur nachts, wenn ihre Fressfeinde schlafen.

B. r. unten: Auch Zitterrochen bevorzugen die Nacht.

dort von den HelferInnen an Land als Notsignal aufgefasst werden könnte.
Auch während des Tauchgangs gibt es Situationen, in denen nach Absprache alle Lampen kurz ausgeschaltet werden. Es ist beispielsweise ein faszinierendes Schauspiel in tropischen Gewässern, das Meeresleuchten zu beobachten. Es wird durch Plankton und auch durch Fische mit blinkenden Leuchtflecken erzeugt, aber normalerweise durch die Lampen oder das Umgebungslicht von Hotelanlagen überstrahlt. Auch zur Orientierung können die Lampen kurz ausgeschaltet werden, entweder um den Standort des Mondes zu erkennen oder die Reflexe der Lichter des Bootes an der Oberfläche zu sehen. Wegen der Brechung der vom Boot kommenden Lichtstrahlen an der Oberfläche können TaucherInnen etwas „um die Ecke sehen“ und so den richtigen Rückweg finden..., wenn nicht andere Lichter ein falsches Bild geben. Die Dauer des Tauchgangs sollte genau abgesprochen werden, auch zur Beruhigung der HelferInnen an Land. Spätestens wenn die erste Lampe etwas dunkler wird oder zur Warnung blinkt, sollte die ganze Gruppe wieder am Ausgangspunkt sein.

Gefahren beim Nachttauchen

Gefahren bestehen schon beim Einstieg. Steile Böschungen, rutschige Böden, Brandungen, vorgelagerte Pflanzeninseln oder Sandbänke können bei den TaucherInnen oder ihren Ausrüstungen Probleme hervorrufen.
Hauptgefahr ist aber die Psyche. Selbst erfahrene NachttaucherInnen erschrecken, wenn ein Fisch außerhalb des Sichtbereiches, durch die Bewegung aufgeschreckt, mit TaucherInnen zusammenstößt. Der Unterschied ist dann das kurze Lachen bei Erfahrenen oder die mögliche Panikreaktion bei Beginnern, die immer vorgespannt auf den Haiangriff warten... auch im Baggersee!
Eine weitere Gefahr sind Unterwasserhindernisse, in die man wegen des engen Sichtbereiches unbemerkt hineingerät. Da hilft nur: Ruhig bleiben und langsam, sich rückwärts bewegend, aus dem Hindernisbereich herausschwimmen. Das gilt auch, wenn man unbemerkt an einer Steilwand in eine Höhle schwimmt. Hat man regelmäßig mit dem Kompass seinen Kurs überprüft, findet man auch wieder den Rückweg. Das Überprüfen des Kompasses ist gerade bei Nachttauchgängen besonders wichtig. Ohne ihn hat man bereits nach einer kurzen Drehung die Orientierung verloren. Vorsicht aber vor Ablenkungen, viele Taucherlampen schalten über einen Magnetschalter, der den Kompass noch über eine Entfernung von über einem halben Meter ablenkt.
Eine weitere Gefahr ist der Schiffsverkehr. Dort sollte generell nicht getaucht werden. Aber auch ruhig vor Anker liegende Schiffe können eine Gefahr darstellen, wie ein Unfall, bei dem ein Taucher vom Kühlwassereinlauf der Hilfsmaschine angesaugt wurde, beweist.
Ein Effekt, der bei den Medizinern unter dem Begriff „vertico“ bekannt ist, kann TaucherInnen verunsichern. Er entsteht durch den Ausfall aller, für die Orientierung im Raum vorhandener Sensoren des Menschen.
Dies sind:

Nur nachts ist das Gorgonenhaupt voll entfaltet.

- die Augen, die uns immer den Horizont anzeigen,
- spezielle Sensoren in der Muskulatur, die uns über die Muskelspannung die Richtung der Schwerkraft anzeigen und
- das Gleichgewichtsorgan, dessen Bogengänge uns Richtung und Lageänderungen anzeigen.

Taucht man in etwas trübem Wasser, ohne Bodensicht, frei auf, können bei geringfügigen Druckausgleichsproblemen alle drei Sensoren ausfallen. Man hat plötzlich das Gefühl, dass einem schwindlig wird. In schweren Fällen kann die Orientierung ganz ausfallen. Man weiß dann nicht mehr, wo oben und unten ist. Freiaufstiege ohne Sicht sollte man daher möglichst vermeiden. Der Effekt verschwindet sofort wieder, wenn man an der Oberfläche ist und die Lichter des Bootes oder die Sterne sieht.

Gesundheitliche Störungen – Alkohol – Medikamente – Drogen

Es versteht sich von selbst, dass bei gesundheitlichen Störungen sowie nach Alkoholgenuss, Einnahme bestimmter Medikamente und kurz nach dem Essen nicht getaucht wird.

Psychische Probleme

Dunkelheit verursacht vor allem bei Anfängern leicht Angstgefühle. Die erhöhte psychische Belastung der TaucherInnen kann zu Panik und Fehlhandlungen führen. Ehrlichkeit sich selbst und den Partnern gegenüber ist deshalb unbedingt erforderlich! Bei Anzeichen von Angst (hektische Lampenbewegungen, schnellerer Atemrhythmus, aufgerissene Augen) sollte Handkontakt gesucht und evtl. der Tauchgang beendet werden. Personen, die an Klaustrophobie (Platzangst) leiden, sollten auf Nachttauchgänge verzichten!

Verlust der PartnerInnen

Durch enges Beisammenbleiben und Beobachten der Lichtkegel der PartnerInnen wird der Partnerverlust vermieden. Hat man trotzdem einen verloren, eigene Lampe kurz ausschalten, um das Licht des anderen besser zu sehen, und die Umgebung (auch über dem Standort) nach dem Partner absuchen. Dazwischen Lampe immer wieder einschalten, damit der verlorene Partner unser Licht sehen kann. Außer bei der Partnersuche dürfen Lampen nur nach Absprache ausgeschaltet werden! Wenn die Suche nicht innerhalb kurzer Zeit Erfolg hat, auftauchen!

Orientierungsprobleme

Hier verweisen wir zuerst auf den Spezialkurs Orientierungsstauchen. Wir haben allerdings einige Punkte für Sie zum besseren Überblick hier noch einmal aufgegriffen.

Nachttauchgänge sollten nur in einem vom Tag her bekannten Gewässer durchgeführt werden. Sichere Orientierung über markante natürliche Punkte bzw. über den Kompass muss gewährleistet sein. Nicht zu große Strecken schwimmen, möglichst in der Nähe des Bootes bzw. des Einstieges bleiben.

Den Kompasskurs rechtzeitig feststellen und merken, evtl. auf Schreibtafel markieren. Auf Verfälschung der Kompassanzeige durch Eisenmassen, Magnetschalter der Lampen oder Verkanten achten!

Orientierung und Evolution

Beim Nachttauchen kann es manchmal, vor allem beim Auftauchen, zu Schwindelanfällen kommen, die bis zum völligen Orientierungsausfall gehen können. Um das zu verstehen, ist ein kleiner Ausflug in die Entwicklungsgeschichte des Menschen hilfreich.

Wir gehen seit Millionen von Jahren aufrecht. Aus diesem Grund ist auch unser Gleichgewichtssinn auf eine senkrechte Lage optimiert. Jede Abweichung davon, etwa beim Kriechen oder beim Tauchen in waagerechter Lage erzeugt bereits kleinere oder größere Orientierungsprobleme. Unsere Orientierung im Raum erfolgt ja über verschiedene Sinneseindrücke bzw. Organe:

Die Augen
Mit den Augen tasten wir den Horizont ab und suchen dauernd Fixpunkte. Schließen wir die Augen, entfallen diese Informationen, ebenso bei absoluter Dunkelheit. Wir werden sofort unsicher, vor allem, wenn wir uns in Bewegung befinden.

Die Schwerkraft
Die Schwerkraft, also die Anziehungskraft zwischen uns und der Erde, ist immer zum Mittelpunkt der Erde gerichtet. Diese Richtung wird ständig über unseren Schweresinn erfasst und muss kompensiert werden, damit wir uns im Gleichgewicht befinden, nicht umfallen und zu viel Kraft beim Stehen und Laufen aufwenden müssen.
Wie gut diese Regelung funktioniert, merken wir u.a. daran, dass wir uns bei Kurvenfahrten, z.B. mit dem Fahrrad oder im Bus stehend, automatisch „in die Kurve legen". Die durch die Kurvenfahrt bedingten Veränderungen der Komponenten Anziehungskraft und Fliehkraft werden also vom Körper sofort ausgeglichen.

Die Lagesinnesorgane
Unser Lagesinnesorgan liegt in den Bogengängen in den beiden Innenohren. Es besteht jeweils aus je drei flüssigkeitsgefüllten Bögen in den drei Hauptrichtungen. Jede Lageänderung wird dadurch erfasst, dass die Flüssigkeit in den Bogengängen wegen der Eigenträgheit stehen bleiben will. Die hierdurch entstehende Relativbewegung zwischen Bogengang und Flüssigkeit wird über Tastzellen registriert und im Gehirn zu einer Information über die Lageänderung verarbeitet (siehe Seite 12ff).

Wie kommt es zum Orientierungsausfall?
Beim Tauchen, vor allem beim Auftauchen am Ende eines Nachttauchganges, entfallen die optischen Eindrücke. Wir befinden uns im freien Wasser, ohne Bodensicht und ohne zusätzliche Fixpunkte, an denen sich das Auge orientieren könnte. Wegen unserer guten Tarierung sind wir unter Wasser gewichtslos, sodass auch die Richtung der Schwerkraft nicht mehr ohne weiteres feststellbar ist. Unsere Gleichgewichtsorgane im Innenohr reagieren sehr stark auf Temperatur- und Druckwechsel. Beim Tauchen kommt für uns ja ein zusätzlicher Freiheitsgrad – die Vertikale – dazu, mit stark wechselnden Umgebungsdrücken.
Sind dann, durch geringfügig beeinträchtigten Druckausgleich auf einem der Ohren bedingt, die Informationen der Gleichgewichtsorgane nicht mehr gleich, entfällt auch der letzte Bezug für unser Lageempfinden.
Es beginnt mit leichten Schwindelgefühlen und kann bis zum totalen Orientierungsausfall führen, bei dem man nicht mehr erkennt, wo oben und unten ist. Nur über Zusatzinformationen wie z.B. Auf- oder Abtrieb der Lampe oder Richtung der Luftblasen kann man sich behelfen. Diese Effekte sind nicht auf das Tauchen beschränkt, auch die Astronauten hatten bei ihren ersten Ausstiegen aus der Raumkapsel ähnliche Probleme.

Wie kann dieses Problem vermieden werden?

Die Lage stabilisiert sich sofort, wenn man wieder Sicht auf den Boden, den Sternenhimmel oder Lichter an Land oder am Boot hat. Wichtig dabei ist nur, dass man auf Unsicherheiten dieser Art vorbereitet ist und nicht falsch reagiert. Taucht man generell mit Bodensicht, mit Sicht auf die Lampen anderer TaucherInnen oder auf eine unter dem Boot befestigte Lichtquelle, können diese Probleme weitgehend vermieden werden.

Tag- und Nachttauchen

Ein nicht zu unterschätzender Aspekt ist die Erfahrung und Sicherheit, die man gewinnt, wenn in heimischen Gewässern, in denen die tropische Farbenvielfalt fehlt, bei Nacht getaucht wird. Mit dieser Erfahrung wird man auch dann cool bleiben, wenn bei Tauchgängen am helllichten Tag das Gewässer wegen der Trübung plötzlich stockdunkel ist. Das trifft man oft im Sommer an, wenn die Sprungschicht durchtaucht wird, unterhalb der durch das Algenwachstum kaum noch Licht kommt.

Nachttauchen vom Boot aus: Das Boot muss mit rot-weiß-roten Lampen, analog zur rot-weiß-roten Taucherflagge tagsüber, gekennzeichnet werden. Das Abtauchen entlang der Ankerleine gibt einen psychologischen Halt; man hat auch eine gute Kontrolle über die Ab- und Auftauchgeschwindigkeit.

Meeresleuchten

In allen Meeren nutzen Tiere biologisches, kaltes Licht, die so genannte Biolumineszenz als Kommunikations-, Signal-, Warn- oder Lockmittel. In bestimmten Situationen wird dann im Zusammenhang mit bestimmten Verhaltensweisen dieses biologische Licht erzeugt.

Bei der dabei ablaufenden Stoffwechselkette wird unter Sauerstoffeinwirkung mit Hilfe des Enzyms Luciferase der Stoff Luciferin oxidiert. Ein Teil der frei werdenden Reaktionsenergie wird dabei in biologisches Licht umgewandelt. Die dabei erzeugte Lichtstärke reicht aus, um in sonst absoluter Dunkelheit eine Schrift auf weißem Papier zu lesen. Während wir an Land nur Leuchtkäferarten mit diesen Fähigkeiten kennen, sind im Meer in nahezu allen Tierstämmen biolumineszierende Arten vertreten. Die einzellige Geißelalge *Noctiluca miliaris* leuchtet schon, wenn man mit der Hand im Meerwasser planscht. Bekannt sind leuchtende Schwämme, Korallen, Leuchtquallen, viele Kleinkrebsarten, aber auch Fische wie der Laternenträgerfisch *(Photoblepharon palpebratus)*. Während viele Wirbellose die erforderlichen Gene für das Luciferin und das Enzym Luciferase selbst besitzen, brauchen andere dazu symbiontische Bakterien in den entsprechenden Organen.

Mittels moderner Gentechnik ist es inzwischen gelungen, diese Gene aus Quallen zu isolieren und auf Mäuse zu übertragen, sodass es inzwischen biolumineszierende Mäuse gibt. Was sich eher abwegig anhört, ist der Versuch, bestimmte Krebszellen mit diesen Genen zu beschicken, um sie dann über die Biolumineszenz aufspüren zu können. Dies ist nur eines der vielen Beispiele moderner gentechnischer Entwicklungen, die uns einmal helfen sollen, Krankheiten zu erkennen und über neue Möglichkeiten zu bekämpfen.

Mikroskopisch kleine Geißelalge
Noctiluca miliaris

1 Geißel
2 Kern
3 Kragen
4 Bandgeißel
5 Mundöffnung
6 Plasmastränge

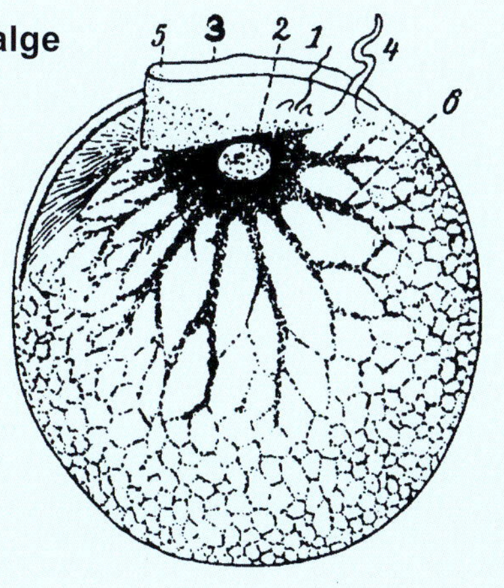

CHECKLISTE

Die Ausrüstung des Bootes

Außer der normalen Sicherheitsausrüstung müssen beim Nachttauchgang vorhanden sein:

- ⬡ Ein Ausguck, der das Boot auch fahren kann.
- ⬡ Die vorgeschriebenen Positionslichter (weiß, grün, rot) während der Fahrt,
  bei kleinen Booten genügt ein helles weißes Rundumlicht im Topp.
- ⬡ Ein Ankerlicht (helles weißes Rundumlicht) muss im Topp gesetzt sein, während das Schiff vor Anker liegt.
- ⬡ Analog zur Taucherflagge sind bei größeren Booten am Mast die Lichter rot-weiß-rot zu setzen. Eventuell kann auch die Taucherflagge beleuchtet werden (in der Schweiz Vorschrift).
- ⬡ Allgemeine Beleuchtung des Bootes für die Zeit des Ausrüstens und Abrüstens. Sie muss auch hell genug für eine evtl. notwendige Hilfeleistung sein!
- ⬡ Beleuchtung der Bootsleiter, der Ankerleine in 3 m Tiefe und des Ankers durch kleine Lampen, Leuchtstäbe oder Signalblitze.
- ⬡ Boje mit Beleuchtung und Bojenleine für den Anker, wenn das Boot kein Beiboot hat.
- ⬡ Wenn das Boot einer Gruppe zu Hilfe kommen muss, während andere TaucherInnen noch im Wasser sind, bleibt der Anker auf Grund. Die mit der beleuchteten Boje verbundene Ankerleine wird über Bord geworfen. Damit ist sichergestellt, dass die übrigen Gruppen und das zurückkehrende Boot den Anker wieder finden. Die beleuchtete Boje signalisiert den anderen TaucherInnen, dass das Boot kurz zur Hilfeleistung benötigt wurde und dass sie an der Boje auf dessen Rückkehr warten sollen.
  Auf diese Möglichkeit muss natürlich in der Tauchgangvorbesprechung hingewiesen werden.

CHECKLISTE

DURCHFÜHRUNG DES NACHTTAUCHGANGS

Außer den normalen Sicherheitsvorkehrungen und Abläufen sind besonders folgende Punkte zu beachten:

- ⬡ 2–3 Stunden vor dem Tauchgang nichts essen, kein Alkohol!
- ⬡ Kleine Gruppen von 2, höchstens 3 TaucherInnen bilden.
- ⬡ Besonders sorgfältige Ausrüstungskontrolle (Partnercheck).
- ⬡ Nachttauchgänge sind Erlebnistauchgänge (keine Übungen o.ä.).
- ⬡ Nachttauchgänge sind Nullzeittauchgänge (auf Wiederholungsgruppe achten).
- ⬡ Mit Grundsicht abtauchen – kein Abstieg „ins Schwarze“.
- ⬡ Keine großen Strecken schwimmen.
- ⬡ Tiefe von 8–10 (im Meer 15–20) m möglichst nicht überschreiten.
- ⬡ Kompasskurs genau festlegen.
- ⬡ Zeichensprache (Hand vor Brust anleuchten), Lampenzeichen und Notsignale absprechen.
- ⬡ Lampen nur unter Wasser benützen (Verwechslung mit Notsignal!).
- ⬡ Nie andere TaucherInnen blenden!
- ⬡ Schlafende Tiere nicht direkt anleuchten und nicht berühren.
- ⬡ Lampe von Kompass und Computer fernhalten (Magnetschalter).
- ⬡ Vereinbarten Kurs genau einhalten.

- Rückweg zum Anker oder Ufer merken (natürliche Orientierung oder Kompass).
- Von Netzen, Leinen und sonstigen Hindernissen fernbleiben!
- Keinen Schlamm aufwirbeln (sorgfältig tarieren!).
- Bei Lampenausfall Ersatzlampe oder Leuchtstab aktivieren.
- Wenn Reservelicht fehlt, Partner verständigen, O.K. durch Körperkontakt.
- Bei Verlust eines Partners kurze Suche, kurzzeitig auch mit ausgeschaltetem Licht, dann Licht wieder einschalten und unter Einhaltung der Aufstiegsgeschwindigkeit auftauchen.

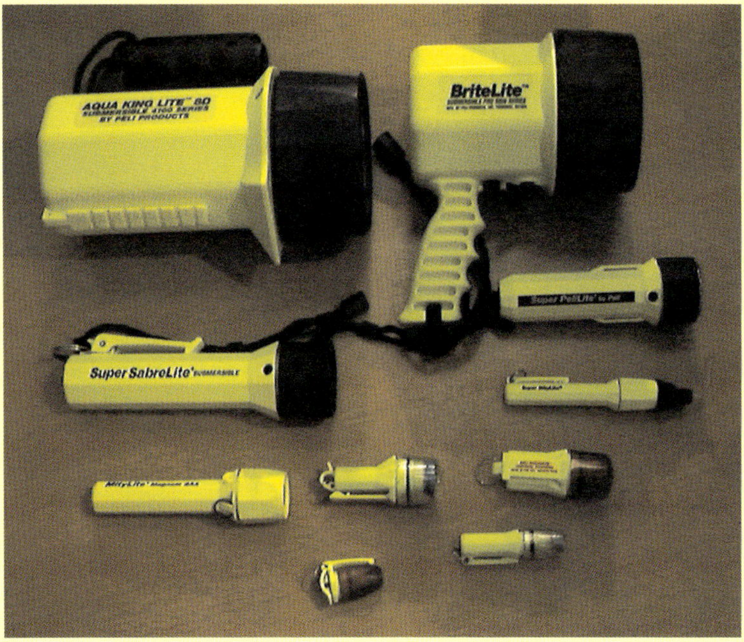

Lampen und Signalgeber gibt es in einer Vielzahl von Größen.

Fragen zu Nachttauchen

1. Warum machen wir Nachttauchgänge?

2. Welche Zusatzausrüstung ist für Nachttauchgänge erforderlich, und welche Anforderungen sind an die Ausrüstung zu stellen?

3. Was ist bei der Partnerwahl zu berücksichtigen?

4. Was ist bei der Auswahl des Tauchplatzes zu berücksichtigen?

5. Wie kann die Ein- und Ausstiegsstelle gekennzeichnet werden?

6. Was ist bei der Tauchgangsplanung zu berücksichtigen?

7. Wie ist das Boot bei Nachttauchgängen zu kennzeichnen?

8. Was ist beim Austausch von Unterwasserzeichen bei Nacht zu berücksichtigen?

9. Welche UW-Lampenzeichen gibt es?

10. Wie verhält man sich richtig gegenüber Tieren?

Antworten zu Nachttauchen

1. Nachtaktive Lebewesen sind nur bei Nacht zu beobachten. Tagaktive Lebewesen sind im Schlaf auch besser zu beobachten, sollen aber nicht gestört werden.

2. Eine Taucherlampe pro TaucherIn und eine Ersatzlampe pro Gruppe, alternative Luftversorgung (Zweitautomat oder mindestens Oktopus), Messer, nachleuchtende Instrumente, bei Tauchgängen im Meer Sicherheitsausrüstung.

3. Pro Gruppe zwei, höchstens drei TaucherInnen, Gruppen gehen zeitversetzt ins Wasser, maximal ein Neuling pro Gruppe.

4. Bekannter Tauchplatz mit sicherem Ein- und Ausstieg, ruhiges Wasser, gute Sicht, gute Orientierungsmöglichkeit, keine Gefahren (Netze, Schiffsverkehr usw.).

5. Lampen, Reflexfolie, Signalblitz, bei entsprechenden Vorschriften beleuchtete Taucherflagge. Möglichst eingewiesener Beobachter.

6. Keine Zusatzrisiken wie Strömung, Wracks, Höhlen, Dekopflicht, eingeschränkte Tiefe, nur ein Neuling pro Gruppe, abgesprochene Tauchzeit und Signale, genaues Briefing.

7. Helles, weißes Rundumlicht als Ankerlicht, rot-weiß-rotes Licht analog zur Taucherflagge bei Tag, allgemeine Beleuchtung für das Aus- und Abrüsten, bedarfsweise Beleuchten der Bootsleiter oder des Ankers mit einem Signalblitz.

8. Unterwasserzeichen vor der Brust anleuchten, ohne die TauchpartnerInnen zu blenden.

9. O.K. – ruhiges Kreisen mit der Lampe, Nachbildung des „O“.
   Gefahr – schnelle Auf- und Abbewegung der Lampe.

10. Nicht längere Zeit anleuchten, Licht dimmen, nichts berühren, Abstand halten.

Strömungstauchen

Nacht-, Höhlen- oder Eistauchgänge kann man als TaucherIn stets nach Vorerfahrungen machen oder unterlassen. Dies gilt auch für konkrete Strömungstauchgänge, wenn die Strömungen von Anfang an erkennbar sind. Allerdings muss man auch bei ruhigen Gewässern und ruhiger See immer mit aufkommender Strömung rechnen. Wer nicht dafür ausgebildet oder vorbereitet ist, bringt sich und seine Tauchpartner in Gefahr.

Strömungstauchen, geliebt oder gehasst, Genuss oder Strapaze, je nachdem ob die Strömung mit oder gegen unsere geplante Tauchrichtung verläuft. Strömung bedeutet Leben, ein kurz zuvor noch fischarm erscheinendes Korallenriff kann nach Einsetzen der Strömung zum taucherischen Höhepunkt werden, da nährstoffreiches Tiefenwasser hochgewirbelt wird, auf das sich die ganze Nahrungskette aufbaut. Mit der Strömung können für ungeübte TaucherInnen aber auch Gefahren entstehen, gegen die sie sich wappnen müssen durch regelmäßiges Training und die nötige Zusatzausrüstung. Sie gehört bei Tauchgängen im Meer zur Grundausrüstung, da mit unverhofft einsetzenden Strömungen immer gerechnet werden muss.

Vorsicht, wenn die Begeisterung für einen Schwarm Barakudas zu groß wird. Bei Strömungen ist man – wie die aufsteigenden Blasen zeigen – sehr schnell weg.

Strömung bedeutet „Fische“, da neben sauerstoffreichem Wasser auch Beute und Nahrung mitgerissen wird.

Entstehung von Strömungen

Die Strömungsauslöser sind vielfältig. Im Meer sind es vor allem die Gezeiten, aber auch der Wind, Dichteabweichungen des Wassers oder der sich verändernde Luftdruck, bei vorbeifahrenden Schiffen auch möglicher Sog, in Binnengewässern das Gefälle in den Bächen oder Strömen und an Wehren. Alle diese Einflüsse zu erfassen ist schwierig und erfordert Wissen und Beobachtungsgabe, um jede Tauchsituation sicher beherrschen zu können.

Gezeiten

Hauptauslöser von Strömungen im Meer sind die Gezeiten. Es lohnt sich daher, am Urlaubsort in die Gezeitentabelle oder zum Mond zu schauen. Die Gezeiten – Ebbe und Flut – entstehen durch die Anziehungskräfte zwischen Erde, Mond und Sonne (s. Abb. S. 65) sowie durch Fliehkräfte (Zentrifugalkräfte). Die Kräfte sind nicht konstant, sondern ändern sich durch die unterschiedlichen Stellungen der Gestirne zueinander. Daher sind auch die entstehenden Strömungen sehr unterschiedlich, zusätzlich beeinflusst durch die unterschiedlichen Windrichtungen und Windstärken.

Während sich die Erde innerhalb von 24 Stunden einmal um sich selbst dreht, benötigt der Mond für einen Umlauf um die Erde etwa 28 Tage. Der scheinbare Mondumlauf ist daher 24 Stunden und 50 Minuten, sodass sich die Gezeiten täglich um die Differenz von 50 Minuten verschieben.

Zusätzlich beeinflusst der Stand der Sonne die Stärke der Gezeiten. Stehen Mond und Sonne in einer Linie, ist die

Anziehungskraft und damit die Wasserwelle, die sich dadurch bildet, am stärksten. Stehen Sonne und Mond um 90° versetzt, ist die Wasserwelle kleiner, es entstehen die Spring- und die Nipptide. Diese Wasserwelle läuft innerhalb der 24 Stunden und 50 Minuten um die Erde. Eine zweite Welle entsteht auf der gegenüberliegenden Erdseite. Die Erklärung für diese zweite Welle ist die Fliehkraft. Die Erde dreht sich nicht unbeeinflusst vom Mond um sich selbst. Ähnlich wie bei einem Hammerwerfer ist der Drehpunkt des Systems etwas außerhalb des Mittelpunktes der Erde in Mondrichtung, so entsteht die zweite Welle entsprechend den nach hinten geneigten Körperteilen des Hammerwerfers. Sie sollen die Zugkräfte des Hammers ausgleichen. Übrigens ist diese Erde-Mond-Konstellation nach heutiger Erkenntnis mitverantwortlich dafür, dass sich auf unserer Erde die lebensfördernde Atmosphäre halten konnte. Biologisch wirkt sich der Mond auf viele Fortpflanzungsrhythmen wirbelloser Tiere, z.B. der Korallen, aus.

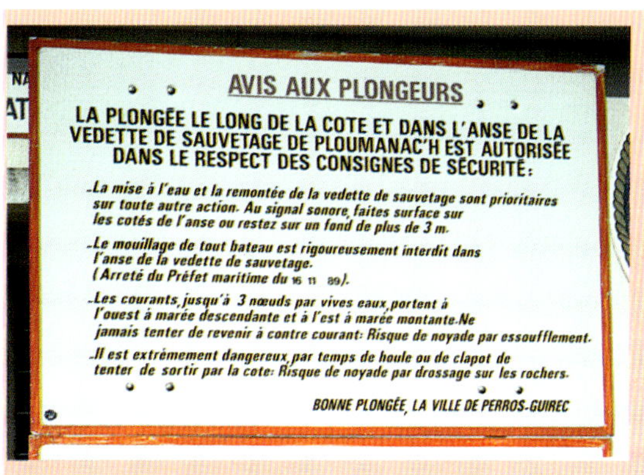

Bis zu 10 m beträgt der Gezeitenunterschied in der Bretagne. Vor gefährlichen Grundwellen und Tiefenströmungen wird gewarnt.

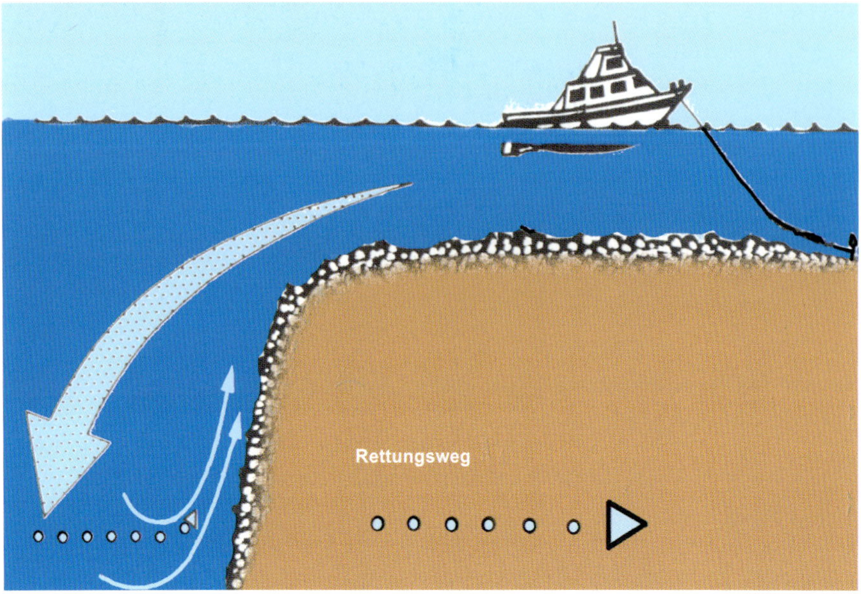

Das bei Ebbe ablaufende Wasser erzeugt oft eine starke Abwärtsströmung, die Taucher sehr schnell nach unten zieht! – Vorsicht! Solche Strömungen meiden. Möglichst an der Wand abtauchen.

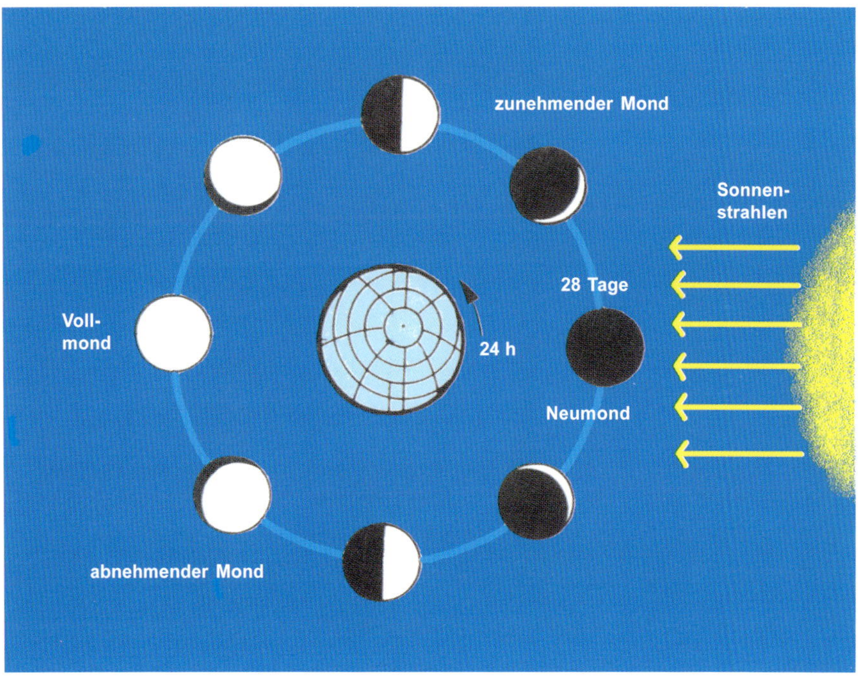

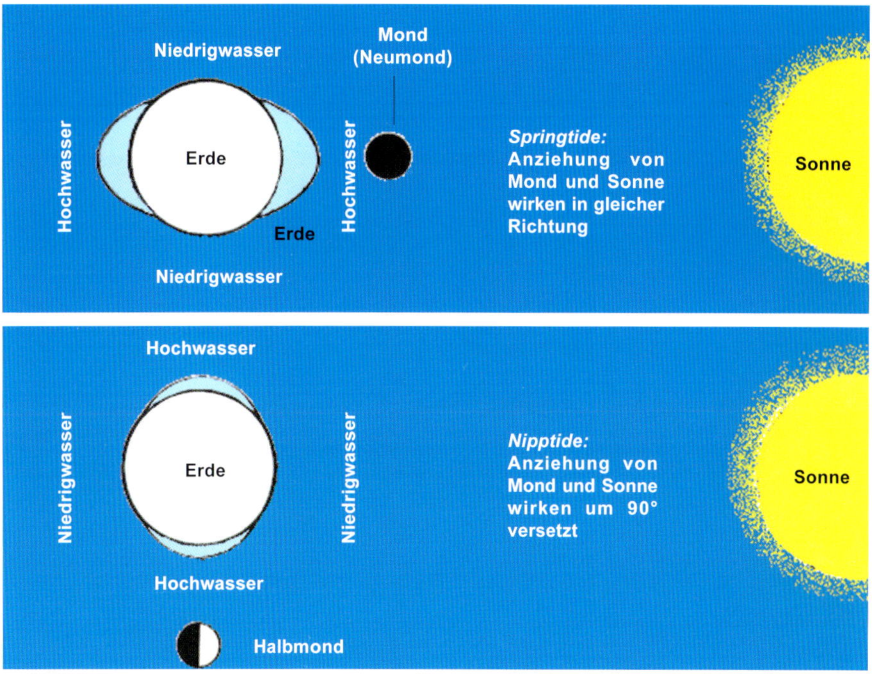

Entstehung der Gezeiten aus der Anziehungskraft Erde – Sonne – Mond und den aus der Rotation erzeugten Fliehkräften.

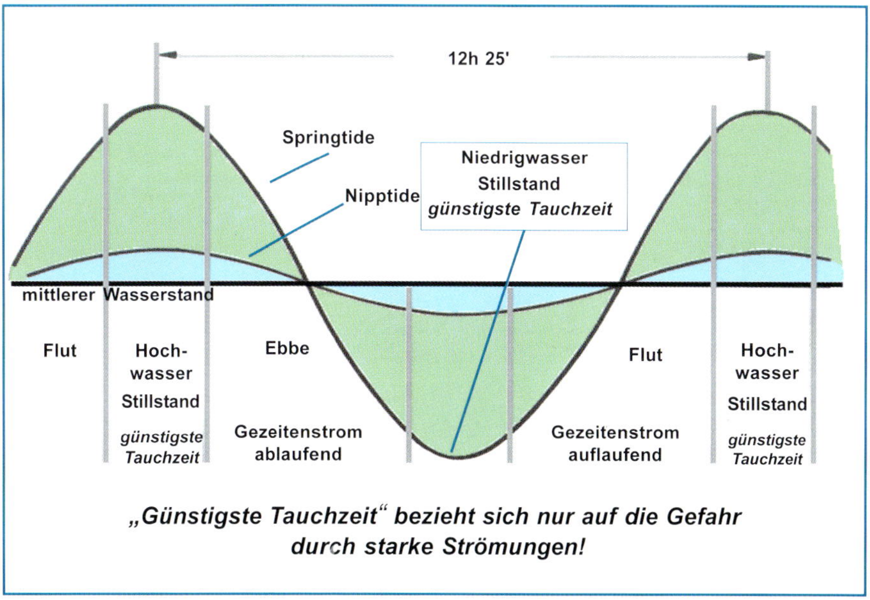

Mai

Date		Pleines Mers Coef	Pleines Mers Matin h mn	Pleines Mers Soir h mn	Basses Mers Coef	Basses Mers Matin h mn	Basses Mers Soir h mn
1	M	50	0 39	13 36	48	7 12	19 51
2	M	49	2 08	15 08	53	8 43	21 20
3	J	58	3 36	16 22	65	10 06	22 34
4	V	71	4 46	17 22	78	11 10	23 34
5	S	84	5 44	18 13	89	— —	12 04
6	D	93	6 34	18 59	97	0 25	12 51
7	L	99	7 19	19 40	100	1 08	13 34
8	M	99	7 59	20 17	98	1 54	14 13
9	M	96	8 36	20 51	92	2 32	14 49
10	J	88	9 10	21 24	83	3 08	15 23
11	V	78	9 43	21 57	72	3 42	15 56
12	S	66	10 16	22 31	60	4 16	16 29
13	D	54	10 52	23 10	48	4 52	17 06
14	L	43	11 37	— —	—	5 33	17 52
15	M	39	0 00	12 37	35	6 27	18 55
16	M	34	1 10	13 58	34	7 39	20 17
17	J	36	2 30	15 18	39	8 57	21 33
18	V	44	3 42	16 18	49	10 04	22 32
19	S	54	4 38	17 07	60	10 57	23 21
20	D	65	5 26	17 50	70	11 43	— —
21	L	76	6 10	18 31	80	0 05	12 25
22	M	84	6 51	19 10	87	0 46	13 06
23	M	90	7 32	19 49	92	1 28	13 45
24	J	93	8 12	20 28	93	2 08	14 25
25	V	92	8 53	21 09	90	2 48	15 05
26	S	87	9 36	21 52	84	3 30	15 48
27	D	79	10 22	22 39	75	4 15	16 34
28	L	70	11 14	23 32	66	5 04	17 26
29	M	—	— —	12 14	62	6 01	18 27
30	M	59	0 36	13 27	57	7 08	19 39
31	J	57	1 52	14 44	58	8 23	20 54

Septembre

Date		Pleines Mers Coef	Pleines Mers Matin h mn	Pleines Mers Soir h mn	Basses Mers Coef	Basses Mers Matin h mn	Basses Mers Soir h mn
1	S	69	6 46	18 58	73	0 38	12 57
2	D	76	7 22	19 33	79	1 17	13 33
3	L	81	7 54	20 05	83	1 51	14 05
4	M	84	8 25	20 36	84	2 23	14 37
5	M	84	8 54	21 05	83	2 54	15 06
6	J	82	9 22	21 34	80	3 23	15 35
7	V	77	9 50	22 04	74	3 52	16 04
8	S	70	10 19	22 34	66	4 21	16 34
9	D	61	10 50	23 10	55	4 53	17 08
10	L	50	11 28	23 58	45	5 29	17 50
11	M	—	— —	12 25	41	6 18	18 51
12	M	38	1 15	13 51	38	7 33	20 25
13	J	41	2 55	15 34	46	9 14	22 03
14	V	54	4 27	16 52	62	10 40	23 16
15	S	72	5 33	17 52	81	11 45	— —
16	D	90	6 29	18 46	97	0 15	12 40
17	L	104	7 20	19 36	109	1 12	13 29
18	M	113	8 07	20 22	114	1 57	14 15
19	M	114	8 50	21 06	113	2 42	14 58
20	J	109	9 30	21 46	104	3 24	15 39
21	V	97	10 06	22 22	90	4 03	16 18
22	S	81	10 40	22 58	72	4 40	16 55
23	D	63	11 15	23 37	54	5 16	17 34
24	L	46	11 57	— —	—	5 56	18 21
25	M	39	0 30	13 01	34	6 50	19 31
26	M	39	1 56	x14 40	32	8 16	21 12
27	J	35	3 41	16 09	40	9 57	22 36
28	V	46	4 52	17 09	52	11 05	23 29
29	S	57	5 40	17 53	63	11 51	— —
30	D	68	6 19	18 31	73	0 11	12 30

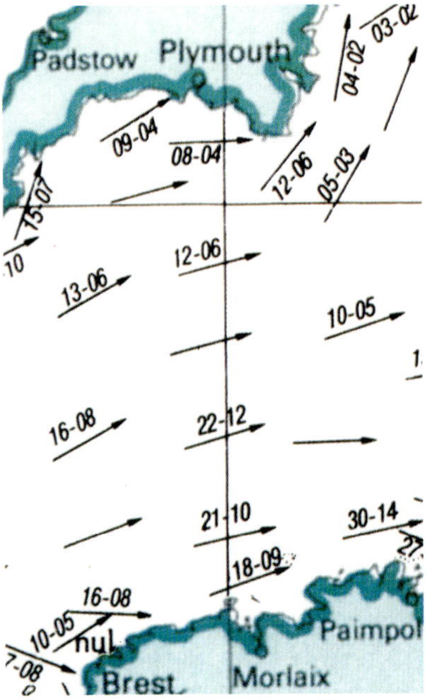

Die Gezeitentabellen von Mai und September 2001 des Gebietes um Trégastel/Bretagne geben die täglichen Koeffizienten sowie die Ebbe- und Flutzeiten an. Am 19. September geben die Abweichungen mit jeweils mehr als einen Meter die Höchst- und Tiefststände dieses Jahres an. Dem unteren Ausschnitt einer Gezeitenkarte zwischen Brest und Plymouth kann man die Strömungsrichtungen und -geschwindigkeiten in Knoten in Abhängigkeit von der Gezeitensituation entnehmen.

Bilder von l.o. nach r. u.: Verschiedene Strömungssituationen wie Gezeitenfluss, auf- und ablaufende Brandung lassen sich meist leicht erkennen. Dichteunterschiede (im Küvettenversuch strömt gefärbtes Meerwasser unter Süßwasser), Wellen und Gezeitenströme führen zu gefährlichen Grundströmungen. Achtung, auch von der stehenden Schraube wegbleiben.

Durch diese zweite Wasserwelle beträgt die Zeitdifferenz zwischen zwei Hochwassern 12 Stunden und 25 Minuten. Die Höhe eines Hochwassers, wie auch sein Eintreffen, ist aber von sehr vielen Faktoren abhängig. In der Mitte des Meeres, z.B. an entfernten Inseln, kann die Höhendifferenz nur wenige Zentimeter betragen, an engen, flachen Buchten dagegen bis zu 20 Meter, ähnlich dem in einem Suppenteller hin- und herschwappenden Wasser. Während es in der Tellermitte kaum Niveauveränderungen gibt, schwappt es an den Rändern über. Auch die Eintreffzeiten verändern sich, da Strömungen von Hindernissen abgebremst oder umgelenkt werden können. Seit jeher hat man versucht, durch Beobachtungen und Berechnungen hinter die Geheimnisse des steigenden und fallenden Wassers zu kommen und seinen Verlauf vorhersagen zu können. So entstanden die Gezeitentabellen, die aber immer nur für einen eng begrenzten Bereich gültig sind. Aus ihnen können TaucherInnen mit einiger Übung ablesen, wann das Strömungsrisiko am geringsten ist. Eine 100-prozentige Sicherheit ist es allerdings nicht, da auch der Wind und das Wetter die Gezeiten beeinflussen. Man sollte auf jeden Fall auch einmal den Rat von ortskundigen Tauchern oder Fischern einholen und gegebenenfalls auf den Tauchgang verzichten oder eine andere Tauchstelle wählen.

Auch für die Urlaubsplanung kann die Mondphase interessant sein. Mit den stärksten, durch Gezeiten verursachten Strömungen ist bei Voll- und Neumond zu rechnen und einige Tage danach, da sich der Effekt noch etwas aufschaukeln kann. Die augenblickliche Mondphase ist aus dem Kalender zu erkennen oder durch einen Blick zum Himmel. Ist der Mond mehr vor Mitternacht zu sehen, ist er zunehmend, ist er mehr nach Mitternacht zu sehen, ist er abnehmend. Diese Regel gilt weltweit, während der bei uns bekannte Spruch mit dem altdeutschen „Z“ für zunehmend und dem altdeutschen „A“ für abnehmend nur in Europa gilt, auf den Malediven beispielsweise steht der Mond anders. Für die Tauchgangsplanung sind die Zeiten für Hoch- und Niedrigwasser interessant. In Gegenden mit starken Tidenhüben ist nur dann ein Tauchen möglich, wobei meist das Tauchen bei Hochwasser günstiger ist, da dann vorher frisches, klareres Meerwasser einströmte. Sobald die Strömung wieder einsetzt, sollte der Tauchgang beendet werden.

Wind

Während ein Gezeitenstrom meist den ganzen Wasserkörper erfasst, beschränken sich durch Wind ausgelöste Strömungen auf die Oberfläche. Die Stärke der Strömung ist dabei abhängig von der Windstärke, mehr jedoch noch von der Einwirkzeit und der Stärke. Durch Wind ausgelöste Strömungen sind daher vor allem dort zu erwarten, wo der Wind tage- oder wochenlang in gleiche Richtung weht, beispielsweise in Passat- oder Monsungebieten, aber auch an verschiedenen Küsten des Mittelmeeres.

Ein länger anstehender Wind von ca. 10 Knoten (18,5 km/h) erzeugt beispielsweise eine Strömung von ein bis

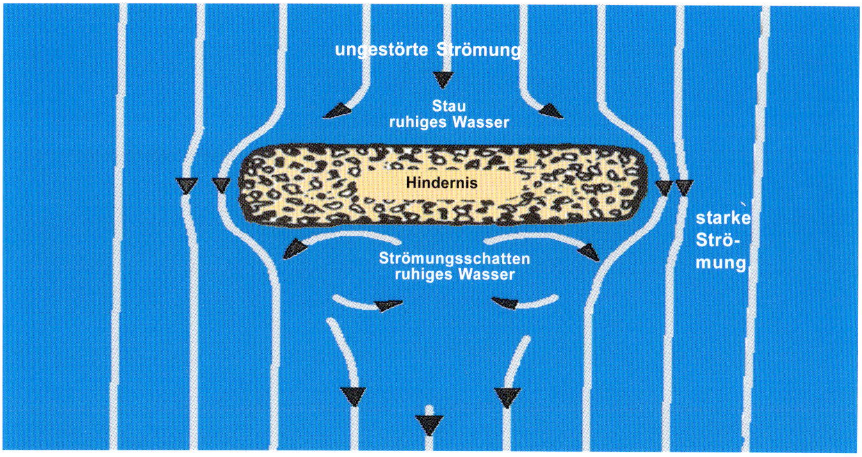

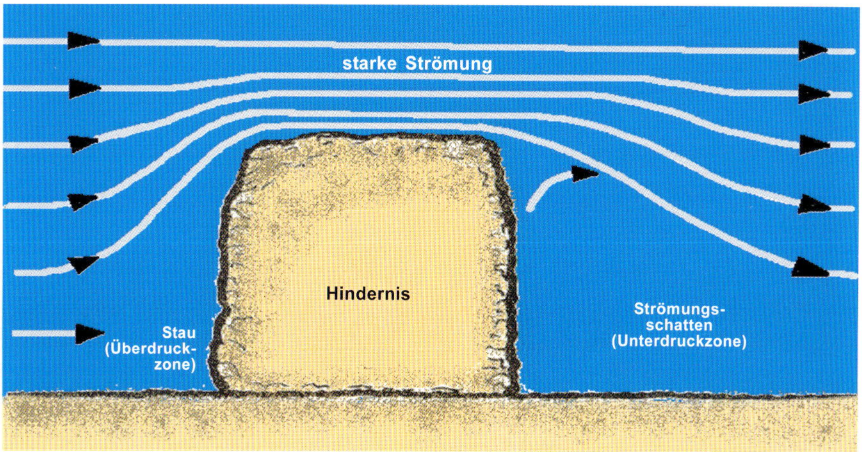

Der anstrengendste Teil des Weges ist am Hindernis vorbei bzw. darüber hinweg. Davor und vor allem dahinter sind ruhige Zonen.

zwei Knoten (1,8–3,6 km/h), die bis in etwa fünf Meter Tiefe reicht. Sie kann der Gezeitenströmung entgegenlaufen, dadurch ist es möglich, dass die Oberflächenströmung eine vollkommen andere Richtung hat als die Tiefenströmung.

Dichteunterschied

Auch die Dichteunterschiede durch Temperatur und Salzgehalt sind ein Strömungsauslöser. In fast abgeschlossenen Meeren mit hoher Sonneneinstrahlung und geringer Süßwasserzufuhr, wie beispielsweise dem Mittelmeer oder dem Rote Meer, verdunstet sehr viel Wasser. Dadurch steigt der Salzgehalt an. Das so schwerer werdende Wasser sinkt ab und strömt am Grunde bei Gibraltar bzw. bei Aden in den Ozean ab. Zum Ausgleich strömt fri-

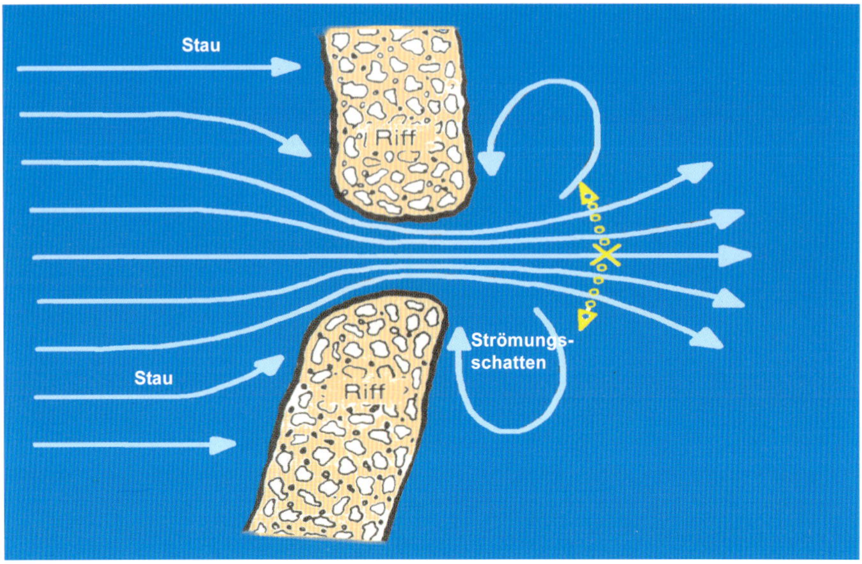

Die Strömung reißt hinter der Engstelle Wasser mit. Dadurch entsteht am Riffrand außen ein Sog zur Strömung hin. Rettungsweg an der Oberfläche: Quer zur Strömung schwimmen (gepunktete Linie). Rettungsweg unter Wasser: Am Boden gegen die Strömung tauchen. Wenn nicht möglich, sofort auftauchen! Signalmittel bereithalten.

sches, leichteres Oberflächenwasser ein. An beiden Schwellen finden wir so gegenläufige Strömungen, die schon im Altertum ausgenutzt wurden, beispielsweise durch große Segel, die an sehr langen Seilen in die Tiefenströmung bei Gibraltar abgelassen wurden. Sie zogen die Schiffe gegen die Strömung durch die Meerenge.

Ein Beispiel für die Dichteunterschiede durch Temperatur ist der Golfstrom. Im flachen Karibikbecken erwärmt, strömt das dann leichtere Wasser an der Oberfläche an Florida vorbei Richtung Europa und beschert uns hier milde Winter. Die Strömungsgeschwindigkeit kann fünf bis acht km/h betragen.

Luftdruckschwankungen

Wer regelmäßig die Wetterkarte betrachtet, kann erkennen, dass der Luftdruck um bis zu 10 % schwanken kann. Bei einem Normaldruck von ein bar entspricht das einer Änderung von 0,1 bar. Da dieser Luftdruck auf die Meeresoberfläche drückt, ändert sich auch der Wasserspiegel um bis zu einem Meter. Die dadurch ausgelösten Strömungen werden vor allem in flachen, engen Meeren und langen Buchten gefährlich, vor allem, wenn sie noch durch ungünstige Winde und starke Gezeitenströmungen verstärkt werden.

Sog

Vorbeifahrende Schiffe erzeugen, abhängig von ihrer Größe, der Geschwindigkeit und ihrer Unterwasserform, einen Sog, der TaucherInnen gefährlich werden kann. Eine noch größere Ge-

Besonders gefährlich können Strömungskanäle sein, die wie hier auf den Malediven das Außenriff durchbrechen. Durch Verdunstung in der Lagune salzhaltiger gewordenes Wasser führt am Außenriff zu Tiefenströmungen.

fahr geht von Schiffsschrauben aus, da sie ja das Wasser ansaugen. Auch ankernde große Schiffe stellen eine Gefahr dar, da meist mit Seewasser gekühlte Hilfsmaschinen laufen, für die am Schiffsboden Wasser angesaugt wird.

Höhenunterschiede

Hierzu gehören alle Strömungen in Bächen, Flüssen, Wehren und Ablässen an Teichen, die durch das abfließende Wasser erzeugt werden. Besonders gefährlich sind Wehre und Ablässe, die bereits bei Höhenunterschieden von weit unter einem Meter gefährlich werden können, wie tragische Unfälle in letzter Zeit gezeigt haben. Ein harmlos erscheinender Wasserfall von einem Meter Höhe erzeugt an seinem Aufprallpunkt eine zum Fall gerichtete Strömung, die von einem Schwimmer kaum überwunden werden kann. Der einzige Rettungsweg ist, gegen den Urinstinkt nach unten weg aus dem Fall zu schwimmen.

Strömungen in der Tauchpraxis

Die Strömungen, wie sie im vorherigen Kapitel beschrieben wurden, sind nur im freien Meer anzutreffen, wo sie ungestört wirken können. Treffen sie jedoch auf Riffe, Sandbänke, Inseln oder Festland, so werden sie abgelenkt, gestaut oder auch beschleunigt. Mit diesen Strömungen müssen sich Tau-

Fehlt die Strömung, bleiben die Polypen der Korallenharfe zurückgezogen in den Polypensockeln eingesenkt.

In der Strömung „erblühen" die Polypen förmlich. Ausladend filtern sie das herangetragene Plankton aus dem Wasser. Die Wuchsform ist sicheres Indiz für die Hauptströmungsrichtung.

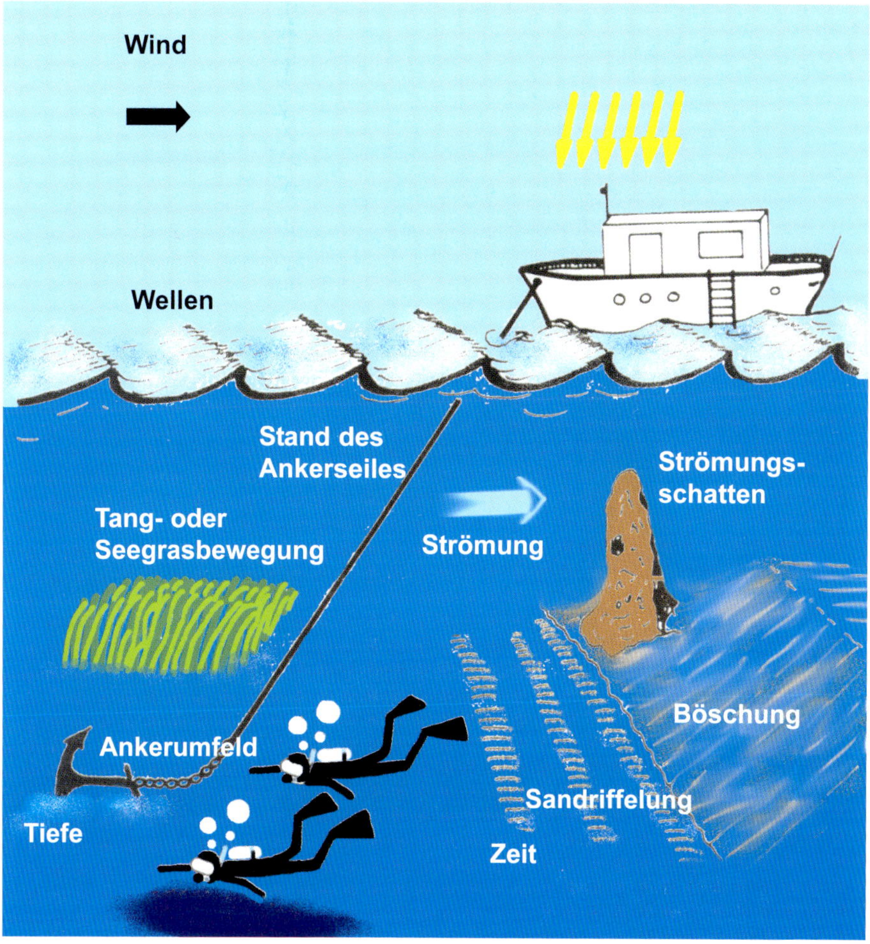

Umfeld wie Wind, Wellen und Strömung vor dem Tauchgang sorgfältig beobachten! Möglichst mit Sichtkontakt abtauchen (z.B. Ankerkette).

cherInnen dann auseinander setzen, hier zahlt sich dann die Erfahrung aus. Erfahrene erkennen, wo sie strömungsarme Gebiete oder gar mitlaufende Gegenströmungen ausnutzen können und wie sie aus starken Strömungsgebieten herauskommen oder sie umgehen können.

Nehmen wir als einfaches Beispiel einen Felsen in einer Strömung. Die Strömung trifft auf den Felsen und staut sich davor, in diesem Bereich ist ruhiges, fast strömungsfreies Wasser. An den Seiten und über dem Hindernis drängt sich das Wasser vorbei, die Strömung beschleunigt. Hinter dem Hindernis finden wir wieder ruhiges Wasser, in manchen Fällen sogar eine Gegenströmung oder Wirbel, da die hohe Strömung an den Kanten Wasser mit-

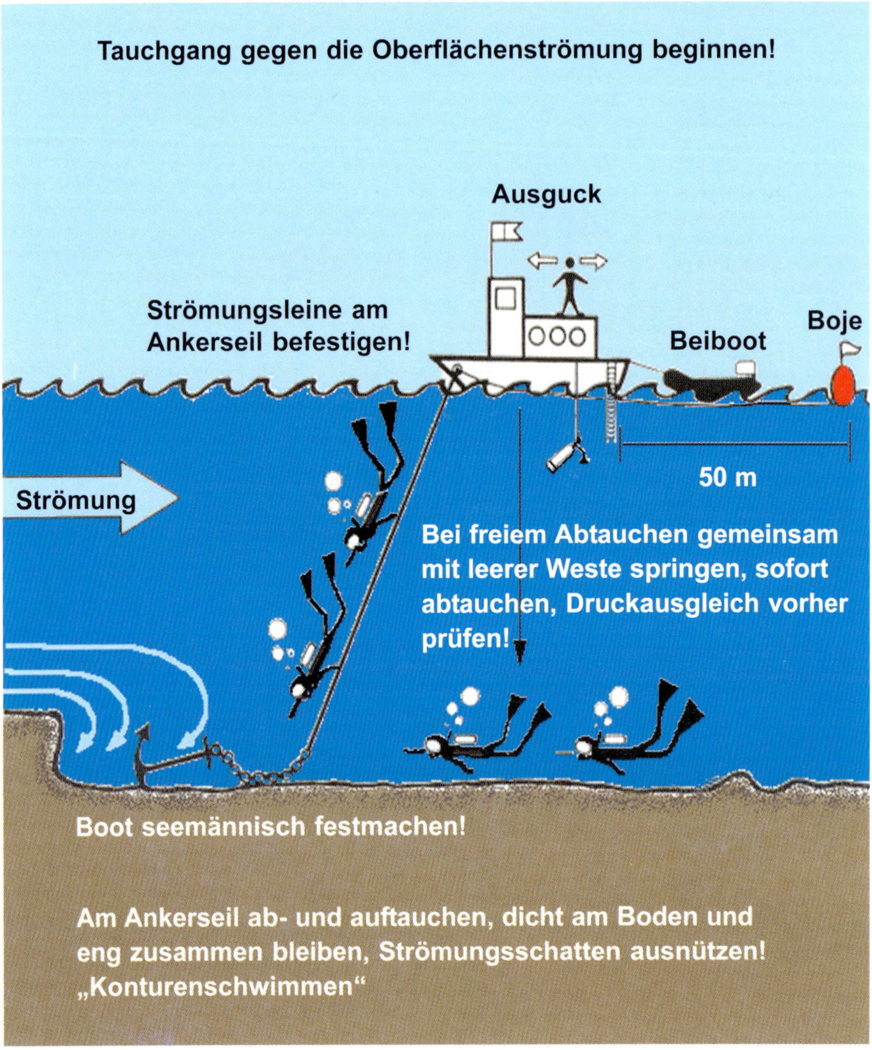

Strömungstauchgang vom Boot.

reißt, eine Art Injektoreffekt. Dieser Strömungsschatten kann zum Ausruhen und Sammeln der Tauchgruppe ausgenutzt werden.

Sehr ausgeprägt sind solche Strömungsbeeinflussungen in den Atollkanälen der Malediven zu sehen. An der Riffwand staut sich das Wasser und wird dann beschleunigt durch den Kanal gepresst, ein beliebter Treffpunkt für Großfische und Taucher, aber auch nicht ungefährlich. Sehr leicht wird man von der Strömung erfasst und ins freie Meer getrieben. Ein Gegenanschwimmen ist hoffnungslos, man kann nur versuchen, seitlich aus der Strö-

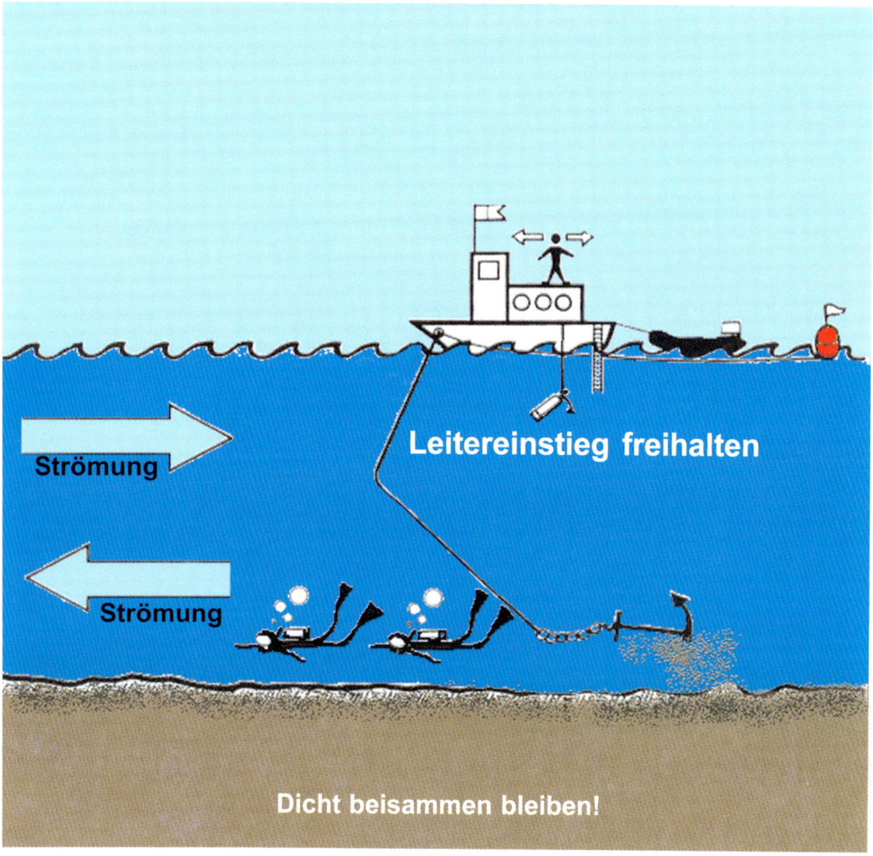

Auch bei wechselnden Strömungen: Tauchgang gegen die Oberflächenströmung beginnen!

mung herauszukommen und die Gegenströmung zu erreichen – oder warten und hoffen, dass das Boot uns findet. Es gibt nicht nur horizontale, sondern auch vertikale Strömungen, die aufwärts oder abwärts verlaufen. Sie können gefährlich werden, entweder, weil sie uns nach unten reißen, schneller, als es der Druckausgleich erlaubt, und tiefer, als wir wollten, oder zur Oberfläche, ohne Dekopause oder Sicherheitsstopp. Solche Strömungen treten meist an Steilwänden auf, also ran an die Wand und dort den Strömungsschatten ausnutzen zum Austauchen.

Erkennen von Strömungen

Wenn, wie auf den Malediven beobachtet, an der Oberfläche Wasserwirbel mit 10 Meter Durchmesser und mit einem 50 Zentimeter tiefen Strömungstrichter entstehen, ist mit starken Strömungen zu rechnen, das Erkennen ist dann nicht schwer. Das trifft auch zu, wenn am Bug unseres vor Anker liegenden Bootes gurgelnde Geräusche zu hören

Wenn kein einsatzbereites Beiboot zur Verfügung steht: Anker mit Boje markieren, die so groß sein muss, dass sie von der Strömung nicht unter Wasser gedrückt werden kann! Das Boot wird an dieser Boje festgemacht. Absprache mit allen Tauchgruppen!

sind. Schwieriger wird es bei großen Wasserflächen oder schwächeren Strömungen. Manchmal erkennt man an der Wasseroberfläche Strukturveränderungen, die Strömung prallt auf Unterwasserhindernisse und wird nach oben abgelenkt. Das Wellenbild verändert sich dadurch, die Oberfläche wird plötzlich glatt oder kabbelig.

Oberflächenströmungen erkennt man vom ankernden Boot einfach am Verlauf der ausgelegten Strömungsleine. Das ist allerdings noch keine Gewähr für einen genussreichen, ruhigen Tauchgang, eine falsch verlaufende Tiefenströmung kann uns einen Strich durch die Tauchgangsplanung machen. Bei klarem Wasser kann man dies eventuell an der Ankerleine erkennen, die dann wie ein „S“ steht; die durch den Wind ausgelöste Oberflächenströmung steht der Tiefenströmung entgegen. Der sicherste Weg ist es, einen Checktauchgang zu machen, die Strömung in verschiedenen Tiefen zu beobachten und danach den Tauchgang zu planen. Falsch ist auf jeden Fall die Regel: „Plan your dive and dive your plan“, sie muss durch den Zusatz ergänzt werden: „Aber prüfe in jedem Augenblick, ob die Planungsvorgaben noch stimmen und ändere entsprechend!“. Man muss auch den Mut haben, einen Tauchgang einmal abzubrechen, wenn das Risiko für schwächere Gruppenmitglieder zu groß wird, die Möglichkeit für einen Drifttauchgang bleibt ja immer noch, muss aber mit der Bootscrew abgesprochen werden.

Verhalten bei Gegenströmungen

Der Strömungswiderstand muss herabgesetzt werden! Für TaucherInnen bedeutet das: Sauberes Tarieren, jedes Kilo Blei zu viel erfordert mehr Luft im Jacket, der Widerstand wird größer. Die gesamte Ausrüstung muss eng am Körper anliegen. Kraft und Luft sparen! Das beginnt schon an der Oberfläche, neben der Strömungsleine am Heck (50 m lange Schwimmleine mit vielen Knoten für die Griffigkeit und Boje am Ende) hat eine Zugleine am Boot entlang zur Ankerleine Vorteile, sie spart Kraft und Luft. An der Ankerleine abtauchen; man hat da eine relativ feste Position, falls der Druckausgleich nicht sofort klappt. Bei freiem Abtauchen Jacket vorher entlüften und Druckausgleich prüfen. Sammeln am Anker und Tauchgang gegen die Oberflächenströmung beginnen! „Konturenschwimmen“, d.h. nicht im freien Wasser, sondern knapp über Grund schwimmen, dort ist die Strömung am geringsten. Etwas übertarieren, damit der Flossenschwall nach oben gerichtet ist und kein Sediment aufgewirbelt wird. Strömungsschatten von Kanten und Korallenblöcken ausnutzen. Handschuhe sind im Roten Meer und in Teilen der Karibik verboten, zum Schutz der Umwelt. Wenn man sich schon festhält, sehr genau prüfen, was lebt, was ist tot und was ist gefährlich; wenn überhaupt, dann nur Totes, Bekanntes und Stabiles anfassen. Um dem Flossenschwall des Vordermannes auszuweichen in schräg versetzter Formation tauchen, der Schwächste bestimmt das Tempo. Erhöhten Luftverbrauch berücksichtigen, wenn der erste Taucher 100 bar anzeigt, bedeutet das: Umkehren! Das kann sehr schnell gehen, da das normale Atemminutenvolumen von 25 l/min bei Belastung auf den drei- bis vierfachen Wert ansteigen kann, in Verbindung mit der Tiefe kann auch eine große Flasche schnell leer sein. Berücksichtigt werden muss dabei auch die Verkürzung der Nullzeit durch die stärkere Aufsättigung bei Belastung.

Gegen Ende des Tauchgangs ist der Anker wieder das Ziel, da mit Sicherheitsstopps an der Ankerleine aufgetaucht wird. Nie in Lee des Bootes auftauchen! Hat man die Orientierung verloren, sofort auftauchen und Dekoboje setzen. Der Gruppenführer taucht schnellstmöglich kurz auf und peilt das Boot an, um eventuell noch per Kompass zum Boot zurückzufinden. Wenn

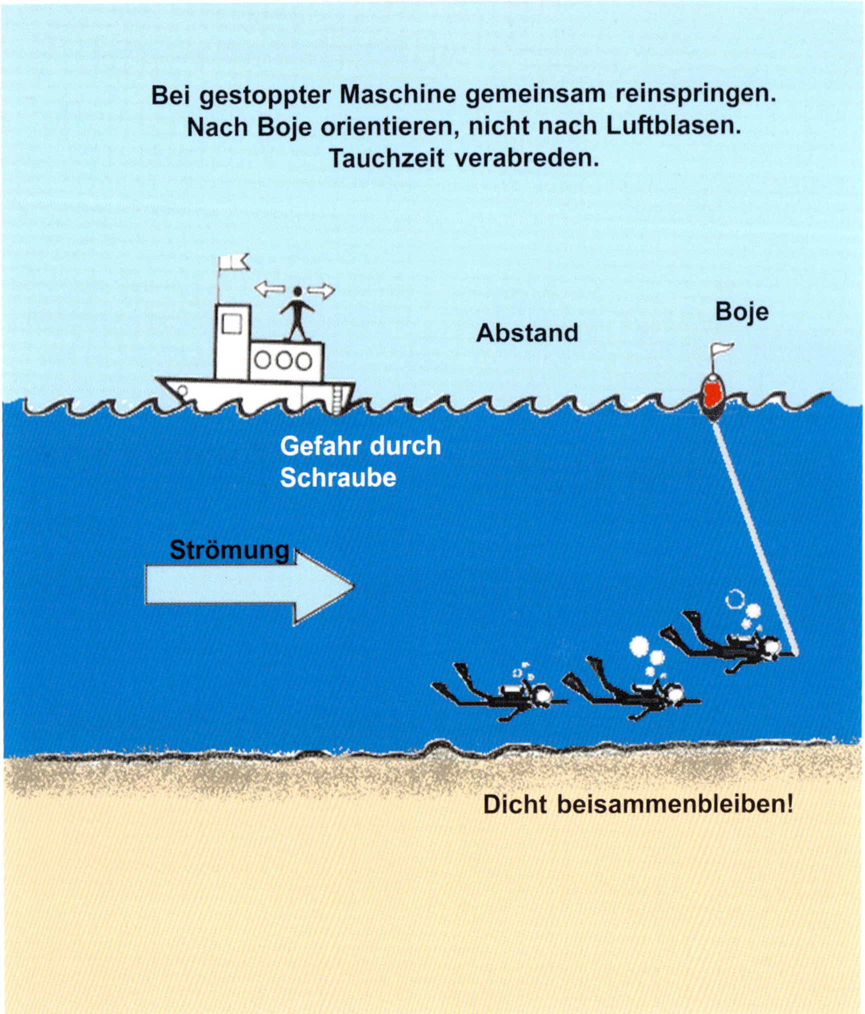

Drifttauchgang: An der Leiter Flossen als Letztes ablegen, Leiter schnell freimachen! Signale mit dem Boot verabreden (z.B. 3 x Maschine aufdrehen = sofort auftauchen), Signalmittel bereithalten.

möglich, auch gleich den Beobachter an Bord verständigen (Zeichensignale!). Ist man bereits am Boot vorbeigetrieben, treiben lassen, Kraft sparen! Die Gruppe taucht gemeinsam auf und bleibt zusammen bei der Dekoboje bzw. dem Sicherheitsballon.

Drifttauchgänge

Unter Drifttauchgängen versteht man Tauchgänge mit der Strömung bei mitfahrendem bzw. am Ziel verankertem Boot. Leider hat sich aber herausgestellt, dass viele Drifttauchgänge dann trotzdem zu einem Tauchgang gegen die Strömung ausarteten, weil diese falsch eingeschätzt wurde. Die Regeln des vorherigen Kapitels sind daher auch hier gültig. Sollte uns das Glück hold sein und die Strömung tatsächlich in der gewünschten Richtung verlaufen, gibt es auch entsprechende Sicherheitsregeln.

Ein Drifttauchgang startet in der Regel von einem Boot aus. Die TaucherInnen machen sich komplett fertig. Bei laufender Maschine, aber ausgekoppelter Schraube springen sie gemeinsam oder kurz hintereinander ins Wasser und tauchen sofort ab. Die Richtung zum Tauchgebiet, z.B. dem Riff, wird vorher per Kompass eingemessen, da das Boot oft etwas außerhalb der Unterwassersichtweite stoppen muss. Das übliche Kommando heißt dann beispielsweise: „Bauch nach unten, Riff an der rechten Schulter!“ Stimmt dann die Strömungsrichtung, wird es ein entspannender Lusttauchgang bis zur verabredeten Ankerstelle des Bootes. Stimmt sie aber nicht, sollte der Gruppenführer sofort auftauchen, um die Bootscrew davon zu verständigen. Dazu muss das Boot natürlich noch kurz an der Abtauchstelle bleiben.

Ist die Strömung nicht zu stark und folgt der Tauchgang einem bis zur Oberfläche reichendem Riff, in dessen Strömungsschatten man sich gegebenenfalls aufhalten kann, darf in lockerer Formation bis zum verabredeten Ziel getaucht werden. Bei tief liegenden Riffs und starken Strömungen, wie sie in den Atollkanälen der Malediven anzutreffen sind, muss die Gruppe eng zusammenbleiben. Das Boot folgt den Luftblasen, sicherer ist es aber, wenn der Gruppenführer eine Boje mitführt. Aufgetaucht wird generell gemeinsam nach der verabredeten Tauchdauer, die Sicherheitsstopps erfolgen an Dekobojen, die der Bootscrew die Position der Gruppe und das Ende des Tauchgangs signalisieren. Die Bootsleiter darf nur einzeln angeschwommen werden, die Schraube muss ausgekuppelt sein! Der Platz unter der Bootsleiter muss frei sein, falls ein Taucher abrutscht oder ein Bleigurt herunterfällt.

Gefahren beim Strömungstauchen

Tauchgänge gegen die Strömung erfordern viel Kraft und Training. Viele TaucherInnen verwenden oft zu harte Flossen, die einen guten Trainingszustand voraussetzen, bei Ungeübten aber schnell zu Wadenkrämpfen führen. Gefährlich wird auch ein zu enger Anzug, der die Atmung behindert. Fatalerweise wird die beginnende Atemnot dann instinktiv dem Atemregler zugeordnet. Bei entsprechend warmem Wasser versuchsweise den Reißverschluss etwas öffnen.

Bei Druckausgleichsproblemen und Orientierungsverlust im freien Wasser sofort auftauchen, um nicht zu weit vom Boot abgetrieben zu werden und von dort nicht mehr gesehen zu werden.

Schwierig ist die Kompassorientierung bei Strömung, da die seitliche Abdrift sehr schlecht geschätzt werden kann. Abhilfe: Die Richtung anpeilen, ein Objekt (Stein, Koralle) innerhalb der Sichtweite in der angepeilten Richtung merken, dieses Objekt anschwimmen und neue Peilung nehmen! (s. S. 34)

Wird die Gruppe abgetrieben, Ruhe bewahren, eng zusammenbleiben, eine

Gruppe wird besser gesehen als ein einzelner Taucher. Handelt es sich um eine eng begrenzte Strömung, versuchen, seitlich aus der Strömung herauszuschwimmen. Jackets, Dekobojen und Sicherheitsballone aufblasen. Flaschen nicht zu früh abwerfen, sie stabilisieren die Wasserlage und sind als Metallkörper das Einzige, was auf den Radarschirmen der Suchschiffe zu sehen ist. Signalmittel bereithalten. Diese gehören unbedingt zur Grundausrüstung aller TaucherInnen, die im Meer tauchen. Dazu gehören neben farbigen Jackets, Trillerpfeifen, pneumatischen Pfeifen: Dekobojen, Sicherheitsballons, Nikosignal, Signalblitze, Lampen und chemische Lichter, die je nach Sichtweite und Abstand zum Boot zum Einsatz kommen.

Signale und Signalmittel

Die Kommunikation zwischen den TaucherInnen, aber auch zwischen TaucherIn und Boot kann lebensrettend sein, wenn wir nur an den Fall von abgetriebenen TaucherInnen denken. Entsprechende Signalmittel sollten, wie bereits erwähnt, je nach Tauchgang und Tauchgebiet unbedingt zur Grundausstattung gehören. Welche Signalmittel es gibt und wie weit sie unter Umständen wirken, wollen wir in dieser Zusammenstellung zeigen.

Signale und Signalmittel zwischen TaucherInnen

Hier gehört die UW-Zeichensprache dazu, die zwar weltweit angewandt wird, bei einigen Zeichen aber unterschiedliche Bedeutung hat. Es gehört daher unbedingt zur Tauchgangsabsprache zwischen sich nicht kennenden TaucherInnen, die Bedeutung der wichtigsten Zeichen abzufragen.

Zum Austausch von akustischen Signalen gibt es mehrere Möglichkeiten. Die aus den Anfängen der Taucherei stammende Methode, mit dem Messer gegen die Flasche zu klopfen, ist unpraktisch, es könnte der Flaschenoberfläche schaden, außerdem sind die Messer heute sehr viel kleiner. Einen ähnlichen Effekt erreicht man mit dem „Tankbänger“, eine einfache Kunststoffkugel auf einem Gummiring, der über die Flasche gezogen wird. Bei Kommunikationsbedarf greift man nach hinten, zieht die Kugel etwas von der Flasche ab und lässt sie schnalzen. Die auf die Flasche prallende Kugel erzeugt einen Ton, der gut zu hören ist, wenn der Partner das Signal zu deuten weiß – also vorher absprechen. Lauter und oft auch störender ist der „Hammerhead“, ein vom Mitteldruck versorgter Signalgeber mit sehr großer Lautstärke. Seine Anwendung sollte auf Ausnahmefälle beschränkt bleiben, da in kleineren Gewässern alle TaucherInnen alarmiert werden, wenn ein Taucher seinen Partner unbedingt auf jeden Wasserfloh mit diesem Gerät hinweisen will. Glücklicherweise ist erfahrungsgemäß die Lebensdauer dieses Gerätes in Seewasser begrenzt – meist wegen fehlender Süßwasserspülung.

Auf UW-Sprechgeräte und Telefone wollen wir hier nicht eingehen, sie werden fast ausschließlich in der Berufstaucherei angewandt.

Liste der Signalmittel und deren maximale Reichweite

Singnalmittel	Funktion und Einsatz	Reichweite	Bemerkungen	Preise
gelbes Jacket	optisch, tags	200–400 m	Abhängig von Wetter und Seegang.	---
Trillerpfeife	manuell, akustisch tags und nachts	100–200 m	Ausprobieren, nicht jede Pfeife hält, was die Werbung verspricht! Abhängig vom Wind und Umgebungsgeräuschen.	ca. 3–5 EURO
Reflexstreifen am Jackett	optisch, nachts	400–2000 m	Abhängig vom Wetter und Seegang und von der Stärke des Scheinwerfers.	---
Alertsignal	akustisch, tags und nachts über Mitteldruck	200–300 m	Abhängig vom Wind und Umgebungsgeräuschen. Nicht ungedämpft testen! Arbeitet mit dem Mitteldruck des Atemreglers, so lange vorhanden.	50–70 EURO
Signalboje rund oder lang Mitteldruck	optisch, tags manuell oder über	1000–2000 m	Abhängig von Wetter und Seegang sowie von der Form der Boje.	20–60 EURO
Chemisches Licht (Leuchtstab)	optisch, nachts manuell, chemisch	max. 1000 m	Abhängig von Wetter und Seegang, Größe Wassertemperatur (je wärmer umso heller).	4–10 EURO
Signalblitz	optisch, nachts Batterien	max. 5 km	Abhängig von Wetter und Seegang und von der Augenhöhe des Betrachters.	30–50 EURO
Lampen	optisch, nachts Batterien, Akkus	max. 5 km	Abhängig von Wetter und Seegang und von der Augenhöhe des Betrachters.	---
Leuchtraketen (Nico, Comet)	optisch und akustisch tag und nachts Pyrotechnik	akustisch ca. 200 m optisch max. 10 km	Abhängig von Wetter und Seegang. Steighöhe ca. 60 m, Brenndauer ca. 10 sec. Nur bei Lebensgefahr zulässig, darf im Flugzeug nicht transportiert werden.	50–70 EURO
Handfackel	optisch, tags und nachts Pyrotechnik	max. 5 km vom Boot ca. 10 km vom Flugzeug	Abhängig von Wetter und Seegang. Darf im Flugzeug nicht transportiert werden.	ca. 10 EURO
Rauchfackel	optisch, tags,	max. 5 km vom Boot ca. 10 km vom Flugzeug	Abhängig von Wetter und Seegang. Darf im Flugzeug nicht transportiert werden.	ca. 10 EURO
Seewasserfärber	optisch, tags chemisch	ca. 1 km vom Boot ca. 2–3 km v. Flugzeug	Abhängig von Wetter und Seegang. Wirkung nur wenige Minuten.	ca. 20 EURO
Seenotsender	tags und nachts Funk 121,5 Mhz	2–5 km vom Boot ca. 8 km, Flughöhe 150 m ca. 100 km, Flugh. 600 m	Nur bei Lebensgefahr einsetzen. Druckdicht bis 100 m.	---

Kombination: Fa. Aircon liefert ein transparentes Taucherei mit drei Schuss roter Signalmunition einschließlich Abschussvorrichtung und einem Seewasserfärber.

Signale vom Boot zu den TaucherInnen

Sie können sehr wichtig werden, wenn plötzlich ein Unwetter aufzieht, während die TaucherInnen im Wasser sind. Schon eine tropische Regenböe kann die Sicht so verschlechtern, dass die etwas entfernt vom Boot auftauchenden TaucherInnen nicht mehr gesehen werden. Es gibt zwar entsprechende Signalgeber, die, druckluftbetrieben ins Wasser gehängt, sehr laute Signale abstrahlen. In der Praxis werden sie aber kaum angewandt. Am häufigsten werden metallene Schläge gegen die Bootsleiter zur Signalgebung genutzt. Der normale Schall würde an der Wasseroberfläche total reflektiert, wäre unter Wasser daher nicht zu hören, die metallene Bootsleiter leitet den Schall aber direkt als Körperschall ins Wasser, welches ein guter Schallleiter ist. TaucherInnen hören diese Signale sehr weit, können sie sie aber auch richtig deuten? Am sichersten ist es, mehrfach hintereinander eine Dreiergruppe vom Schlägen zu senden, was natürlich auch vorher abgesprochen werden muss. Auch ein dreimaliges Aufheulen der Maschine erfüllt einen ähnlichen Zweck.
Um bei Tauchgängen zurück zum Boot zu finden, gibt es Ultraschallsender und Empfänger. Der Sender wird frei unter das Boot gehängt und sendet nach dem Einschalten Rundumsignale, die vom Empfänger beim Taucher empfangen werden. Am Empfänger kann die Richtung und bei einigen Geräten auch die ungefähre Entfernung abgelesen werden. Zwischen Sender und Empfänger darf aber kein Hindernis sein, da es sonst zu Fehlmessungen durch Reflexionen kommen kann (siehe auch „Eye-Sea“ Seite 37).
Taucht der Taucher entfernt vom Boot auf, erkundigt sich die Bootscrew durch die zum Kreis über dem Kopf geformten Arme („O“ für O.K.), ob alles in Ordnung ist, was vom Taucher in diesem Fall mit gleichem Zeichen bestätigt wird, andernfalls sendet er das Notzeichen aus der Liste der UW-Zeichensignale.

Signale von TaucherInnen zum Boot

Dieses sind wohl die wichtigsten Signale, um entfernt vom Boot auftauchende TaucherInnen wieder zu finden. Die Modefarbe Schwarz bei Jackets ist in diesem Zusammenhang wohl am schwersten zu verstehen, ist sie doch schon in relativ geringer Entfernung bei etwas Wellengang nicht mehr zu erkennen.
Je nach Umgebungsbedingungen und Entfernung gibt es unterschiedliche Signalmittel:

– Trillerpfeife am Jacket oder das vom Mitteldruck versorgte „Alertsignal“.
– Sicherheitsballon bzw. Dekoboje in Signalfarbe, die je nach Hersteller mit der Luftdusche, dem Mund oder dem Inflator aufgeblasen werden.
– Nikosignal, eine Abschussvorrichtung mit sechs Leuchtkugeln, wahlweise in Weiß oder Rot, die etwa 80 Meter hoch steigen und etwa sechs Sekunden lang brennen. Die roten Leuchtkugeln dürfen aber nur bei Lebensgefahr verwendet werden.
– Handfackeln und Rauchpatronen

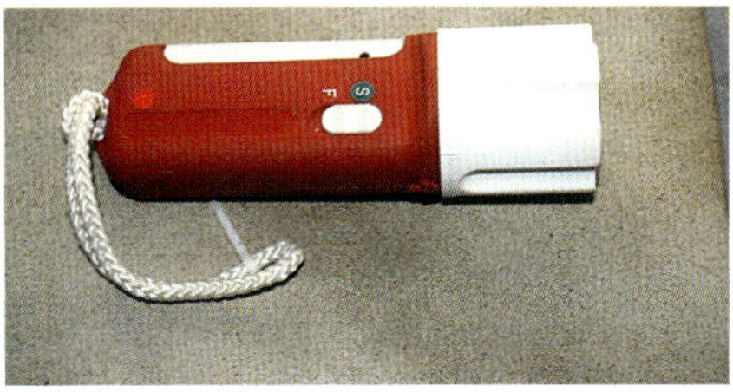

mit einer Brenndauer von etwa zwei Minuten.

Bei Nacht kommen weitere Signalmittel dazu:

- Leucht- und Reflexionsstreifen am Jacket, die angestrahlt nachleuchten oder reflektieren
- Chemische Leuchtstäbe
- Signalblitzgeräte (Abb. o. rechts)
- Handfackeln, hell brennende Magnesiumfackel mit ein bis zwei Minuten Brenndauer
- UW-Lampen, Pilotlampen und Blitzlichtgeräte am Fotoapparat. Einige Taucherlampen haben eine zusätzliche „SOS-Schaltung" (3 x lang – 3 x kurz – 3 x lang)

Pyrotechnische Signalmittel wie Nikosignal, Handfackeln und Rauchpatronen dürfen nicht im Flugzeug transportiert werden. In manchen Ländern gelten Nikosignale auch als Waffen.

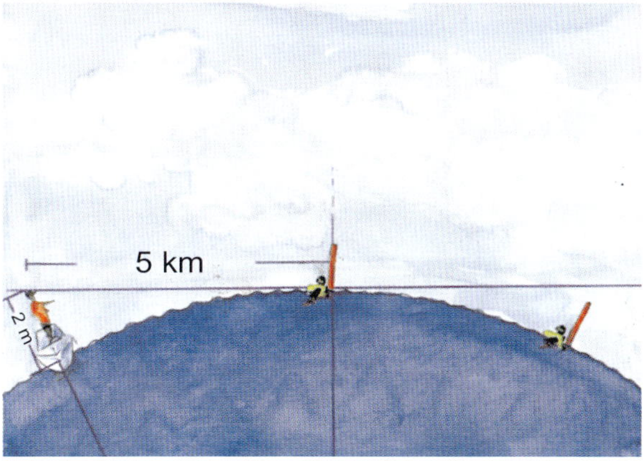

Durch die natürliche Erdkrümmung kann man nur eine begrenzte Fläche rund um den eigenen Standpunkt überblicken. Bei 2 m Augenhöhe liegt die Horizontlinie ca. 5 km entfernt.

Problematisch auf See kann die durch die Erdkrümmung eingeschränkte Sichtweite werden. Ein im Wasser treibender Taucher kann von einem Beobachter mit 2 Meter Augenhöhe bereits in 5 km Entfernung nicht mehr gesehen werden, selbst wenn er sich mit einer starken Lampe bemerkbar machen würde, er wäre hinter dem Horizont.

Suchaktion für verlorene TauchpartnerInnen und für abgetriebene TaucherInnen

Es sollte ja nicht sein, trotzdem kommt es vor, dass man seinen Tauchpartner unter Wasser verliert. In solch einem Fall langsam bis zu der Stelle zurückschwimmen, wo man ihn zuletzt gesehen hat, dabei nach allen Richtungen schauen – auch nach oben!

Etwas höher gehen, da am Grund die Sicht oft schlechter ist. Am besten sind meist die oft blinkenden, aufsteigenden Luftblasen zu sehen. Hat die Suche nach etwa einer Minute keinen Erfolg, auftauchen und an der Oberfläche nach Luftblasen schauen. Hat der Tauchpartner ebenso gehandelt, trifft man sich an der Oberfläche.

Etwas problematischer ist es, bei Strömung im offenen Meer.

Es ist leider gar nicht so selten, dass einzelne TaucherInnen, aber auch ganze Tauchgruppen so weit abtreiben, dass sie vom Begleitboot aus nicht mehr gesehen werden.

Dazu gehört für alle TaucherInnen eine entsprechende Zusatzausrüstung wie z.B. Markierungsballon, Sicherheitsblitz, Leuchtstäbe, Lampen, Nikosignal, signalfarbene Weste oder Jacket mit Reflexstreifen. Dem Bootsführer sollte diese Ausrüstung gezeigt werden, damit er sich bei einer eventuellen Suche darauf einstellen kann.

Auch Zeitpunkt und Strömungsrichtung sind wichtig und können ausschlaggebend für den Erfolg der Suche sein. Bei einem Strömungstauchgang am Vormittag erleichtert die hochstehende Sonne die Suche, und es bleibt mehr Zeit bis zum Einbruch der Dunkelheit. Ist die Strömungsrichtung zum engeren Bereich, also in die Bucht bzw. in das Atoll hinein, verkleinert sich im Fall eines Abtreibens das in Frage kommende Suchgebiet erheblich.

Zur Tauchgangsbesprechung gehören auch die Maßnahmen, die von den „Opfern" zu ergreifen sind. Die Gruppe muss unbedingt zusammenbleiben, da dann die Chance, vom Boot aus gesehen zu werden, größer ist. Anfälle von Panik sind zu bekämpfen, da sie die Gruppe schnell sprengen würden. Sofort Markierungsballon aufblasen! Schnelligkeit ist Trumpf bei der Suche – je schneller mit der Suche begonnen wird, umso kleiner ist das in Frage kommende Suchgebiet – eine Verdopplung der Zeit entspricht einer Vervierfachung der abzutauchenden Fläche! Es sollten daher auch gleich von Anfang an möglichst viele Schiffe und gegebenenfalls auch Hubschrauber eingesetzt werden.

Entscheidend ist die Ausrüstung bei der systematischen Suche! Hierzu zählt vor allem die Bootsausrüstung wie Funk, Radar, Navigationseinrichtungen und starke, nachttaugliche Ferngläser mit eingespiegelten Gradzahlen. Vor Suchbeginn Wind- und Strömungsrichtung feststellen. Bei der Strömungsrichtung sind auch Änderungen durch Riffe oder Inseln mit zu berücksichtigen, ebenso Wind- und Gezeitenwechsel. Die Meinung, man brauche bei Gezeitenströmungen nur lange genug – also 12 Stunden bis zur nächsten Gezeitenphase – zu warten, um wieder an der gleichen Stelle angespült zu werden, ist leider falsch, da durch Wind und überlagerte Strömungen ein starker Versatz normal ist. Auch ist nicht jeder Tidenhub gleich. Auf eine sehr hohe Flut kann eine Flut mit minimalem Gezeitenhub folgen, sodass der „Rückspüleffekt“ unwirksam wird.

Das in Frage kommende Suchgebiet wird in die Seekarten eingetragen, mit den entsprechenden zeitbedingt größer werdenden Suchkreisen. Diese Angaben werden auch an die anderen Suchschiffe weitergegeben.

In der maximal errechneten Entfernung vom Verlustort plus einem Sicherheitszuschlag bilden die Suchschiffe eine Kette und fahren in Sichtweite zueinander feste Suchschleifen senkrecht zur Strömungsrichtung. Die Führung sollten dabei Schiffe mit Navigationseinrichtungen (z.B. Satellitennavigation) übernehmen, um einen wind- und strömungsbedingten Versatz zu kompensieren.

Die Sichtweite und damit der Abstand der Suchschiffe untereinander hängt von zahlreichen Faktoren ab. Dazu gehören z.B.

- die Wellenhöhe,
- Helligkeit,
- Wetter (Regen, Nebel),
- die Position der Sonne und die
- Standhöhe der Beobachter auf den Suchschiffen.

Durch die Erdkrümmung wird der Signalballon eines treibenden Tauchers im günstigsten Fall auf 5 km sichtbar sein, wenn der Beobachter mit seinem Glas 2 Meter über dem Wasserspiegel ist. Die maximale Sichtweite erweitert sich bei

3 m Standhöhe auf 6 km,
4 m Standhöhe auf 7,1 km,
5 m Standhöhe auf 7,9 km.

Diese theoretisch mögliche Sichtweite wird aber nie erreicht, da treibende TaucherInnen auch bei glatter See viel früher so klein erscheinen, dass sie unsichtbar sind.

Bei einer Wellenhöhe von 50 cm können TaucherInnen schon auf 500 m Entfernung kaum noch gesehen werden, weil sie immer nur kurze Zeit angehoben werden, die meiste Zeit aber durch die Wellen verdeckt sind. Hier vergrößert ein aufblasbarer Sicherheitsballon in Signalfarbe die Chancen erheblich. Bei nächtlichen Sucheinsätzen würde auch bei Windstille das Motorengeräusch jedes Rufen übertönen, daher hin und wieder Motor abstellen, rufen und lauschen.

Glaubt man etwas gesehen zu haben, sofort Peilung nehmen, um die in Frage kommende Richtung nicht zu verlieren. Hat man Personen entdeckt, dürfen diese nicht wieder aus den Augen gelassen werden. Am besten mit ausgestreckter Hand Peilung aufnehmen und den Schiffsführer zu den Gesuchten dirigieren. Denken Sie immer daran, dass Zeit und Strömungsgeschwindigkeiten oft unterschätzt werden. Brechen sie daher die Suche nie zu früh ab.

Fragen zu Strömungstauchen

1. Wodurch können Strömungen entstehen?
2. Wann plant man den Tauchgang bei starken Tideunterschieden?
3. Was gehört zur Grundausrüstung bei Tauchgängen im Meer?
4. Wie beginnt ein Tauchgang bei Strömung?
5. Wie hält man einen Kompasskurs bei seitlicher Strömung?
6. Wie läuft ein Drifttauchgang ab?
7. Wann kann ein Tauchgang gegen die Strömung durchgeführt werden?
8. Welche Möglichkeiten gibt es, aus einer Strömung herauszukommen?
9. Abgetrieben? Was tun?
10. Warum Strömungstauchen?

Antworten zu Strömungstauchen

1. Durch Anziehungskräfte zwischen Sonne, Mond und Erde, durch Wind, Luftdruckschwankungen, Dichteunterschiede und Höhendifferenzen.

2. Nur zu den Stillstandszeiten bei Hoch- oder Niedrigwasser.

3. Da immer die Gefahr besteht, dass der Taucher abgetrieben wird, müssen dabei sein: Schnorchel, Sicherheitsausrüstung (Signalblitz, Lampe, Nikosignal, Deko- oder Sicherheitsboje) und eventuell eine kurze Leine mit Karabinerhaken, um die Gruppenmitglieder zusammenzubinden. Bei Tauchgängen im Meer muss eine griffige und am Ende mit einer Boje gekennzeichnete Strömungsleine ausgelegt werden, die bei starker Strömung vorn bis zur Ankerleine durchgezogen werden soll.

4. Beginn gegen die Oberflächenströmung, außer bei einem Drifttauchgang. Beginnt der Tauchgang vom Boot aus, wird an der Ankerleine ab- und aufgetaucht.

5. Man peilt einen markanten Punkt an, der in der Zielrichtung innerhalb des Sichtbereiches liegt, an und schwimmt dort hin. Dort angekommen, peilt man einen neuen Punkt in der gewünschten Richtung an.

6. Genaue Prüfung der Strömungsrichtung, falls nötig durch einen Checktauchgang. Festlegen der Richtung, der Tauchzeit und des Zieles. Gemeinsames Abtauchen bei ausgekuppelter Schraube, Gruppe bleibt zusammen, möglichst durch eine mitgeführte Boje gekennzeichnet. Aufgetaucht wird grundsätzlich gemeinsam, die Gruppe bleibt an der Oberfläche zusammen, wenn erforderlich, durch eine Markierungsboje gekennzeichnet.

7. Wenn die Strömungsgeschwindigkeit weit unter der möglichen Dauergeschwindigkeit des schwächsten Gruppenmitgliedes liegt.

8. Versuchen, am Grund gegen die Strömung zu tauchen, wenn das beispielsweise wegen der Tiefe nicht möglich ist, seitlich aus der Strömung schwimmen. Wenn das auch nicht möglich ist, sofort auftauchen und Signalmittel benutzen.

9. Sofort auftauchen, Gruppe bleibt eng zusammen, wenn nötig, auch durch kurze Leinen zusammengebunden. Alle Dekobojen und Sicherheitsballons aufblasen. Lampen und Signalraketen (Nikosignal) einsetzen, wenn ein Boot in Sichtweite ist. Wenn möglich, mit der Taucherbrille Sonnenspiegelungen Richtung Boot erzeugen. Ruhe bewahren, aufkommende Panik bekämpfen.

10. Durch die Strömung gelangt meist nährstoffhaltiges Tiefenwasser an die Oberfläche, das bedeutet Leben für die gesamte Nahrungskette bis zu den Großfischen. Für manche Taucher bedeutet es auch eine sportliche Herausforderung.
    Bei Drifttauchgängen kann ein größeres Tauchrevier erkundet werden.

Wracktauchen

Wracks – für die einen uninteressante Schrotthaufen, für die anderen faszinierende Tauchziele, Dokumente der Zeitgeschichte und Museumsstücke technischer Entwicklungen! Dass die Fans der Wracks überwiegen, zeigt schon die Tatsache, dass weltweit ausgediente Schiffe an geeigneten Stellen versenkt werden, um den TaucherInnen zusätzliche Attraktionen zu bieten. Zwar entfällt bei solchen Wracks das Geheimnis ihres Untergangs, die Hoffnung auf Schätze oder auch nur auf Souvenirs. Je nach Gewässer und Umgebungsbedingungen sind sie aber in kurzer Zeit dicht bewachsen und unterscheiden sich dann kaum noch von echten Schiffsverlusten. Schnell bilden sie so künstliche Riffe, die mit ihren Versteck- und Unterschlupfmöglichkeiten auch neue Standorte für Fische sind.

Wracktauchen – das ist nicht nur das Umschwimmen einiger Planken, die aus dem Schlamm ragen, oder ein kurzer Blick in die letzte, schlammgefüllte Öffnung eines total zerfallenen Schiffes, wie es von manchen Tauchbasen mangels anderer Höhepunkte per Stempel im Logbuch attestiert wird. Es ist aber auch nicht das tiefe Eindringen in Wracks.

Wer schon einmal mit einem Kreuzfahrtschiff oder einer Autofähre gefahren ist, hat sicher schnell gemerkt, wie schwierig die Orientierung an Bord zu Beginn der Reise ist. Diese vielen Decks, Treppen, Gänge und Abteilungen sind schon im unzerstörten, ebenen und beleuchteten Zustand ein Labyrinth. Als Wrack, dunkel, oft in abenteuerlicher Schräglage, mit geborstenen Wänden, verklemmten Türen, allen möglichen Hindernissen und unter schlechten Sichtbedingungen ist eine Orientierung fast aussichtslos. Das tiefe Eindringen in solche Wracks überschreitet klar die Grenze der Sporttaucherei. Solche Tauchgänge müssen den Spezialisten mit der richtigen Ausrüstung und der nötigen Erfahrung und Kaltblütigkeit vorbehalten bleiben. Zu der richtigen Ausrüstung gehören in solchen Fällen mindestens Licht, Luft, Leinensicherung und Kopfschutz.

Schnell werden Wracks in den lichtdurchdrungenen Tiefen zu künstlichen Riffen.

Nicht immer liegen Wracks auf Kiel und bieten einen so einfachen Zugang.

Licht: Lampe mit genügender Brenndauer und Ersatzlampe.
Luft: Zwei vollkommen getrennte Luftversorgungen (Doppelflasche, zwei Atemregler), aus denen wechselnd geatmet wird, 1/3 der Luft für den Hinweg, 2/3 für den Rückweg.
Leine: Sie wird am Eingang befestigt, der Taucher spult sie langsam ab, bei der Rückkehr wird sie wieder aufgespult, um den Weg auch bei Dunkelheit zu finden.

Voraussetzungen

Die Anforderungen für das Wracktauchen sind stark abhängig von den örtlichen Gegebenheiten. Ein in ruhigen, flachen Gewässern liegendes Wrack erfordert kaum Fähigkeiten, die über die eines normalen Tauchgangs hinausgehen. Anders ist dies natürlich bei einem tief liegenden, noch fast geschlossenen Wrack in strömungsreichen Gewässern. Dafür gelten die folgenden Voraussetzungen:

Persönliche Voraussetzungen

Solche Wracktauchgänge sind Tauchgänge, bei denen unter Umständen nicht direkt aufgetaucht werden kann, entweder wegen darüber liegender Hindernisse oder wegen noch erforderlicher Dekozeiten, das erfordert eine stabile Psyche ohne Platzangst, auch bei plötzlicher schlechter Sicht oder Dunkelheit und eine gute Ausbildung. Eine gute Vorbereitung dazu sind Nachttauchgänge in trüben Gewässern, bei denen die Lampen kurzzeitig auch einmal ausgeschaltet werden. Grundvoraussetzung ist natürlich auch eine absolut sichere Tarierung, um das feine Sediment in den Wracks möglichst nicht aufzuwirbeln. Diese Voraussetzungen

zungen gelten natürlich für alle TauchpartnerInnen.

Ausrüstung

Generell gilt hier: Die Ausrüstung muss vollständig, angepasst, bekannt und funktionstüchtig sein! Vollständig, dazu gehören alle Instrumente, ein Atemregler mit Oktopus, besser noch ein kompletter zweiter Atemregler mit separater Absperreinrichtung am Ventil, Lampe, Messer oder Schere und Schnorchel. Angepasst an den geplanten Tauchgang bezüglich Anzugart und Neoprendicke, Luftvorrat und Sicherheitsausrüstung. Dazu gehört bei Tauchgängen im Meer generell eine Dekoboje bzw. ein Signalballon, Signalblitz und ein Nikosignal. Bekannt sein soll die eigene Ausrüstung wie auch die des Partners so gut, dass sie bei plötzlichen, kritischen Situationen blind bedient werden kann. Das setzt voraus, dass bei der Tauchgangsbesprechung die Ausrüstung aller Partner genau geprüft und gegenseitig erklärt wird. Funktionstüchtigkeit setzt die regelmäßige Wartung und die genaue Prüfung vor dem Einsatz voraus.

Die Ausrüstung muss besonders sorgfältig geprüft und angelegt werden, alle Teile müssen eng am Körper getragen werden, kein Teil darf abstehen, das gilt besonders für Oktopus, Finimeter oder die Konsole. Die Lampe muss zusätzlich mit Leine und Karabinerhaken gesichert sein, wobei die Öffnung des Karabinerhakens möglichst nach innen, zum Körper hin zeigen soll.

Gefahrenquellen

Psyche

Eine Gefahr entsteht aus der Psyche der TaucherInnen selbst. Angst vor dem Unbekannten, Schreck über die plötzlich vor einem stehende Muräne oder ein Verhaken kann in eine Panik führen, mit allen sich daraus ergebenden Fehlern und Gefahren. Auch die Habgier führte schon mehrfach zu Unfällen, wenn TaucherInnen versuchten, mit dem letzten Rest Luft nochmals zum Wrack abzutauchen und sich so mit Fundstücken beluden, dass sie nicht mehr zur Oberfläche kamen.

Neugierige Durchblicke.

Orientierung

Bei tief, frei vom Ufer liegenden Wracks wird oft an der Ankerleine abgetaucht. Am Ende des Tauchgangs ist es dann wichtig, den Anker wieder zu finden, um sicher aufzusteigen und die nötigen Pausen einhalten zu können. Bei großen Wracks und schlechter Sicht könnte das ein Problem werden, wenn man sich die Lage des Ankers nicht genau eingeprägt hat. Oft bleibt dann nur der freie Aufstieg an der mitgeführten Dekoboje, auch auf die Gefahr hin, abgetrieben zu werden. Ein guter Beobachter an Bord kann dann lebensrettend sein!

Der sonst so hilfreiche Kompass ist um das Wrack herum meist keine große Hilfe, da die großen Eisenmassen meist das Erdmagnetfeld so verfälschen, dass die Anzeige unsicher ist.

Sicht

Im Inneren von Wracks ist kaum mit Strömungen zu rechnen. Folge davon ist, dass die sich absetzenden Schwebeteilchen sehr fein sind. Es genügt ein leichter Schwall mit den Flossen, und diese Ablagerungen werden aufgewirbelt und trüben die Sicht. Auch die aufsteigenden Luftblasen der Ausatemluft erzeugen von der Decke einen Regen von Ablagerungen mit dem gleichen Effekt, dagegen hilft auch die beste Tarierung nichts.

Ein glasklarer, übersichtlicher Raum kann sich so beim Durchtauchen in Sekunden in eine Nebelkammer verwandeln, in der die Orientierung sofort verloren geht. Falsch wäre es dann, irgendeinem verlockenden Rest von Tageslicht zu folgen, das sich dann als zu kleines Bullauge oder ein vergitterter Ausgang erweist, durch den es kein Entkommen gibt!

Schiffs-Rumpfformen

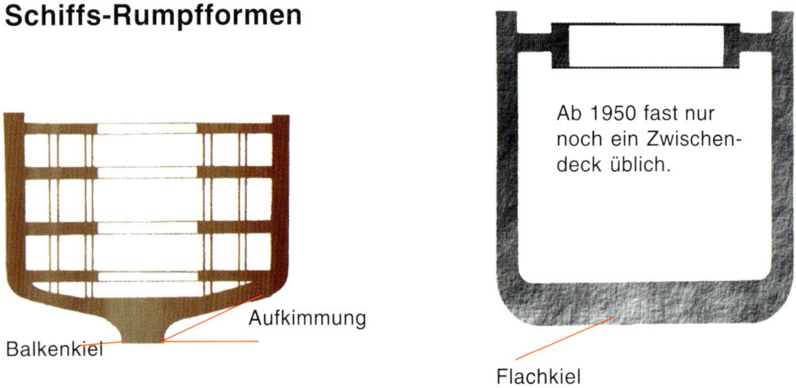

Alte Bauform: mehrere Decks, kleine Räume, viele Verstrebungen, kleine Laderäume

Moderne Bauform: große, freie Räume, große Ladeluken

Querschnitt durch ein sehr altes und ein modernes Schiff

Wracks bieten spannende Einsichten in Technik, Geschichte und Schicksale.

Hindernisse

In den seltensten Fällen sind Gänge und Räume von Wracks frei von Hindernissen, die Gefahr, dass man sich verhängt oder an scharfkantigen Eisenteilen die Ausrüstung beschädigt, ist immer gegeben. Auch um Wracks herum droht Gefahr. Sehr oft sind sie geradezu mit Fischernetzen dekoriert, die kaum verrotten und für Fische wie auch für TaucherInnen eine dauernde Gefahr bedeuten. Die in einschlägigen Abenteuerfilmen immer wieder zuschlagenden Lukendeckel und Schotts sind eine geringere Gefahr, da deren Scharniere schnell verrosten und blockieren, trotzdem gilt es, mögliche Gefahrenstellen zu untersuchen und zu meiden!

Schiffslage

Ein Schiff wird für mehr oder weniger senkrechte Gebrauchslage gebaut, auch die Ausrüstung und die Ladung werden so darin montiert und verstaut. Unter Wasser ist aber jede Schräglage möglich, auch kieloben liegende Wracks sind anzutreffen. Die schweren Maschinenteile sind dabei also quasi an die Decke geschraubt und können herunterbrechen, eine weitere Gefahr für TaucherInnen! Auch Wracks, die noch nicht so lange am Meeresboden liegen und ihre Endlage noch nicht so richtig gefunden haben, sind mit Vorsicht zu betauchen.

Ladung

Wenn auch die Hoffnung nicht aufgegeben wird, so besteht doch in den wenigsten Fällen die Ladung der gesunkenen Schiffe aus Gold oder anderen Wertsachen. In der Regel handelt es sich um Stück- oder Massengut, von denen Teile allenfalls Souvenirwert haben. Gefahren können ausgehen von brennbaren Flüssigkeiten oder Gasen, Druckgasbehältern (z.B. Feuerlöscher, Druckluftflaschen), Chemikalien oder auch von Munition. Die Gase und oft auch die Flüssigkeiten sind leichter als Wasser und sammeln sich so unter der Decke der Räume.

Niemals in vermeintlichen Luftblasen unter der Decke den Lungenautomaten herausnehmen, es kann sich um ein nicht atembares Gasgemisch handeln. Im günstigsten Fall hat man sich nur den Tauchanzug verschmutzt, wenn man unter der Decke die schwimmende Ölschicht durchbrochen hat.

Es ist auch nicht alles trinkbar, was in Flaschen transportiert wird. Besondere Vorsicht ist bei Munition geboten. Diese verliert auch nach 50 Jahren auf dem Meeresboden nicht ihre Gefährlichkeit.

Umgebungsbedingungen

Hier sind Tiefe, Strömung und Seegang zu berücksichtigen. Es ist zwar erklärlich, wenn man am Wrack vor lauter Entdeckerfreuden seine Instrumente kurzzeitig vergisst, aber das darf nicht vorkommen! Zu den Sicherheitsvorkehrungen gehört aber immer die auf etwa 3 Meter Tiefe hängende Dekoflasche, eine Strömungsleine am Schiff und ein aufmerksamer Beobachter an Bord.

Entstehung der Wracks

Der Untergang von Schiffen und damit die Entstehung von Wracks gehört nicht der Vergangenheit an. Auch heute noch gehen jährlich Hunderte von Schiffen aller Art und Größe weltweit verloren. Das hat nichts mit dem Geheimnis des Bermuda-Dreiecks zu tun, wenn solche Verluste sogar spurlos erfolgen.

Trotz Kompass, Trägheits- und Satellitennavigation, trotz Funk und Radar gibt es Gefahren mannigfaltiger Art, die solche Verluste höchst real erklären. Es sind auch nicht unbedingt Schiffe mit schlecht ausgebildeter Mannschaft unter „Billigflagge“, die Unfälle verursachen – menschliche Schwächen gehen durch alle Nationen. Selbst in der Deutschen Bucht und der Zufahrt zum Hamburger Hafen, einem Gewässer, welches rund um die Uhr überwacht wird, kommt es zu Kollisionen. Auch die Gefahren der See sind nicht zu unterschätzen. Stürme, die Wellen bis über 30 m Höhe auftürmen und die Winddrücke auf den großen Flächen der Schiffe erzeugen, die die Maschinen und Ruderanlage nahezu wirkungslos erscheinen lassen, sind oft der Grund für Schiffsverluste. Aber auch ruhigste See kann tückisch sein. In Korallenmeeren wie z.B. dem Roten Meer wachsen die Korallenriffe bis dicht unter die Oberfläche. Bei glatter See und tief stehender Sonne, sind sie – wenn nicht durch Leuchtfeuer oder Bojen gekennzeichnet – nicht zu erkennen. So sind z.B. die vier einträchtig nebeneinander liegenden Wracks am Riff von Abu Nuhas bei Hurghada ein gutes Beispiel für diese Gefahren.

Durch fehlende Strömung in Wracks setzen sich dort sehr feine Schwebeteile aus Schlamm und Rost ab. Es genügt ein leichter Flossenschwall, um die Sicht schlagartig zu verschlechtern. Auch durch die nach oben steigenden Luftblasen lösen sich solche Schwebeteile von der Decke ab und rieseln herab.

Ein weiterer Grund von Schiffsverlusten sind kriegerische Auseinandersetzungen. Die beliebtesten Beispiele solcher Schiffsfriedhöfe sind Truk Lagoon im Pazifik, wo eine ganze Flotte von Japanischen Kriegs- und Handelsschiffen durch amerikanische Flugzeuge versenkt wurde, und Scapa Flow in Schottland, wo sich die an die Alliierten ausgelieferte kaiserliche Flotte 1919 selbst versenkte. Weitere Schiffsverluste sind absichtlich herbeigeführte, um etwa die Versicherungssumme für Schiff und Ladung zu kassieren. Eine in den letzten Jahren zunehmende Praxis ist das Versenken von ausgeschlachteten Schiffen an beliebten Tauchplätzen, um den SporttaucherInnen eine zusätzliche Attraktion zu bieten. Je nach Gewässer sind die so entstandenen Wracks in kurzer Zeit dicht bewachsen und unterscheiden sich nicht von anderen „natürlich" entstandenen Wracks.

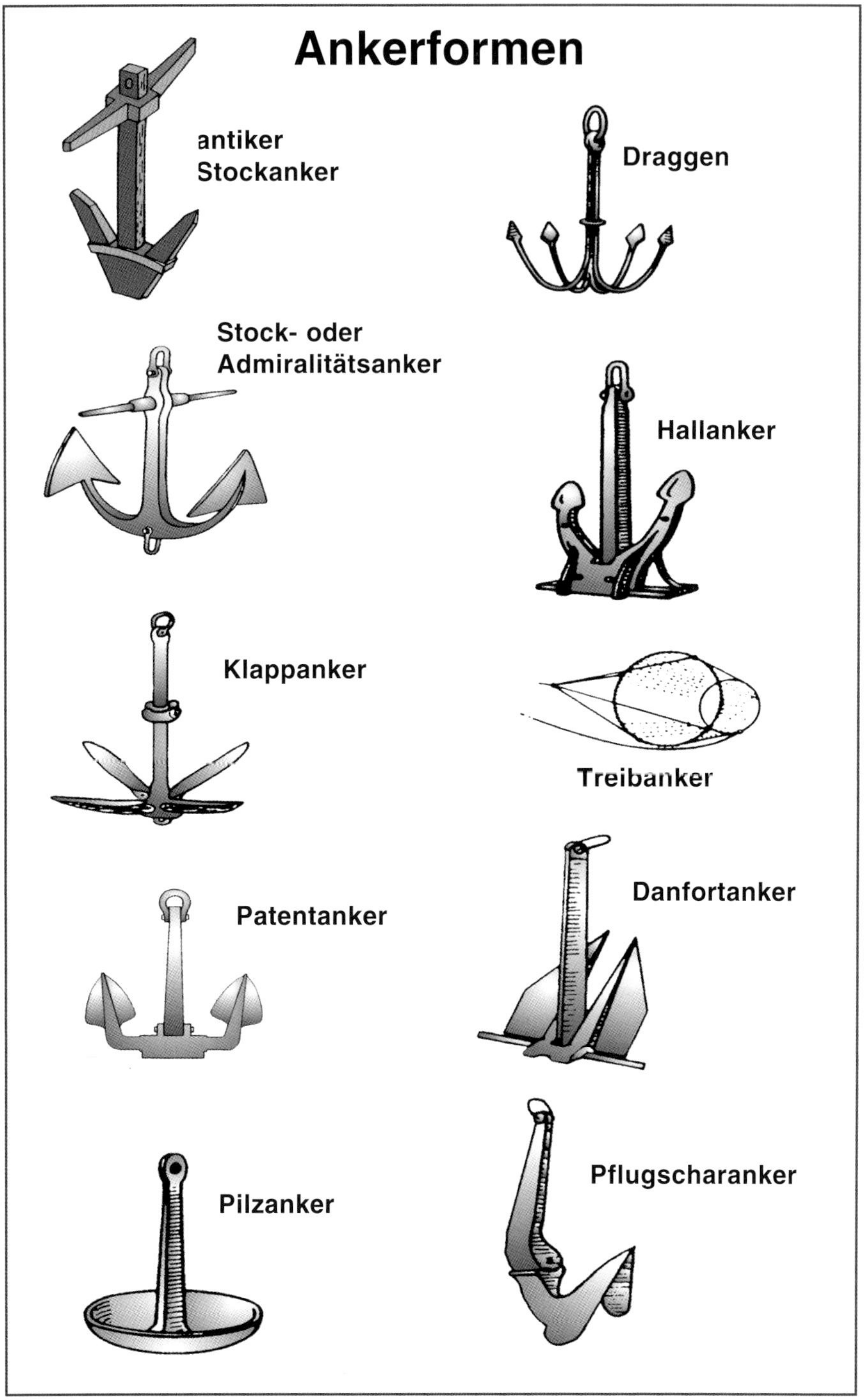
Ankerformen
antiker Stockanker
Draggen
Stock- oder Admiralitätsanker
Hallanker
Klappanker
Treibanker
Patentanker
Danfortanker
Pilzanker
Pflugscharanker

Lage und Erhaltungszustand sind für SporttaucherInnen wichtige Auswahlkriterien beim Wracktauchen .

Suchen und Wiederfinden von Wracks

Das Suchen von Wracks ist mehr eine Detektivarbeit. Liegen die Wracks in einer für die Schifffahrt gefährlichen Tiefe, sind sie meist auch in den Seekarten eingezeichnet. Selbst dann ist es noch schwierig, die genaue Lage zu ermitteln. Manchmal hilft es, einheimische Fischer zu fragen. Entweder sie kennen die Lage, weil sie dort meist erfolgreich angeln, oder sie haben dort schon Netze eingebüßt. Zu einer effektiven Suche gehört dann noch ein Echolot oder Magnetometer, mit dem der fragliche Bereich vom Boot aus abgesucht werden kann. Es sollte dann schon eine Markierungsboje bereitliegen, die beim ersten Kontakt über Bord geworfen wird und die Fundstelle markiert. Die Kontrolle kann dann durch TaucherInnen erfolgen, die an der Bojenleine oder besser noch an der Ankerkette abtauchen.

Achtung: Ankerlage kontrollieren. Dieser muss halten, darf aber auf keinen Fall im Wrack verkeilt sein, sonst kann er ohne Hilfe von TaucherInnen nicht gehoben werden.

Findet man während eines Tauchganges Wrackreste oder ein Wrack, möchte man diesen Punkt natürlich bei späteren Tauchgängen wiederfinden. Erste Maßnahme dazu ist eine Suche in der Umgebung, ob weitere Teile des Wracks vorhanden sind, in welcher Richtung das Wrack liegt, welche markanten Punkte es in der Umgebung gibt und dann na-

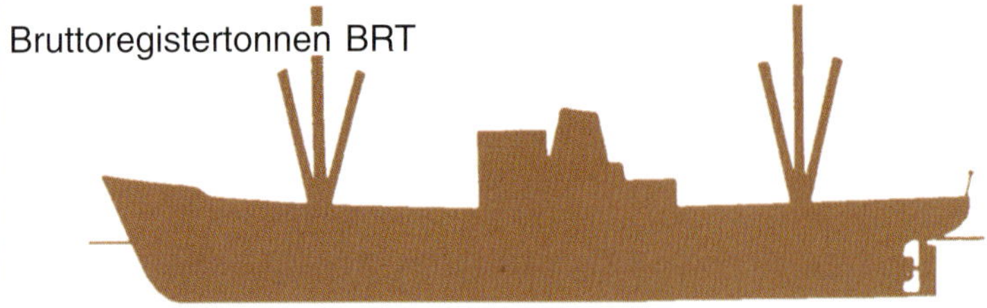

Raummaß für das Volumen des gesamten Schiffes (farbig) 1 BRT = 2,83 m³

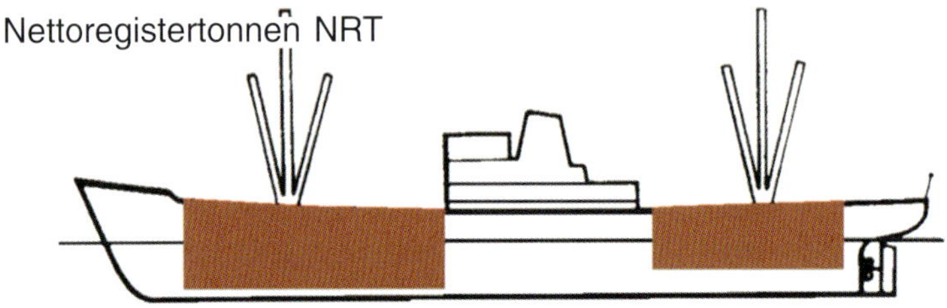

Raummaß für das Volumen der Laderäume (farbig) 1 NRT = 2,83 m³

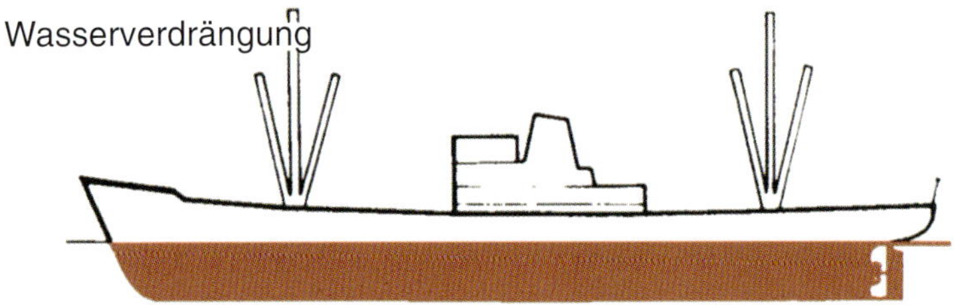

(Deplacement) Wasserverdrängung des Schiffes. Das Gewicht des verdrängten Wassers ist gleich dem Gewicht des Schiffes.

türlich die genaue Tiefe z. B. am Bug und am Heck. Die Tiefe sollte genau gemessen werden (Computer). Auch die Tiefe der oberen Teile des Wracks sollten notiert werden (Mast und Ruderhaus).

Unmittelbar am Wrack wird langsam aufgetaucht, zuvor eventuell eine kleine Markierungsboje gesetzt. An der Oberfläche versuchen, Peilpunkte zu finden, die zur Deckung gebracht die genaue Lage angeben. Eine genaue Lagefeststellung ist nur über eine Kreuzpeilung möglich, wobei die beiden Peillinien möglichst genau senkrecht zueinander liegen sollten.

Sind nur einzelne Punkte (z.B. Berggipfel) sichtbar, werden diese Punkte mit dem Kompass angepeilt. Auch hier sind zwei Peilungen möglichst im Winkel von 90° zueinander nötig. Zum Wiederfinden des Wracks an der Oberfläche diesen Punkt wieder suchen, abtauchen und der vorher gemessenen Tiefenlinie folgen (zuerst in der einen, wenn erfolglos in der anderen Richtung), bis das Wrack gefunden ist.

Bei vollkommen ebenem Grund gibt die gemessene Tiefe natürlich keinen Aufschluss über die Lage des Wracks. In diesem Fall wird nur abgetaucht bis in die Tiefe, die an den obersten Erhebungen des Wracks gemessen wurde. Wird das Wrack dort nicht gefunden, muss gesucht werden. Dazu dreht man am angekommenen Punkt in die nächste Hauptrichtung, z.B. Norden, und schwimmt auf etwa 2/3 der Sichtweite von diesem Punkt weg, wobei die Flossenschläge gezählt werden. Jetzt 90°-Drehung, in die nächste Hauptrichtung, jetzt z.B. Westen, und die doppelte Flossenschlagzahl, dann eine weitere 90°-Drehung, jetzt z.B. Süden, und die dreifache Flossenschlagzahl, usw. bis das Wrack gefunden wird. Dadurch, dass nicht auf die volle Tiefe abgetaucht wird, spart man Luft und „Nullzeit".

Üblich ist es zwischenzeitlich auch, die GPS-Daten von Riffen und von Wrackfunden anzugeben. Diese Angaben sind bei exakter Messung mit Abweichungen von 1–10 m sehr genau.

Zustand und Bestimmung von Wracks

Für den Zustand des Wracks sind zahlreiche Faktoren maßgebend:

Alter: Dabei ist einmal natürlich die Dauer des Wrackdaseins gemeint, weiterhin aber auch das bei der Herstellung verwendete Baumaterial wie Holz, Eisen oder Stahl.

Tiefe: Sie hat einen entscheidenden Anteil am Zustand eines Wracks. Liegt es zu flach, evtl. noch innerhalb von Schifffahrtsrouten, wird es meist

Feuerfische gehören meist zu den ersten Besiedlern eines Wracks.

Peilen

Kreuzpeilung ohne Hilfsmittel:
Zu je zwei markanten Punkten, die zur Deckung zu bringen sind.

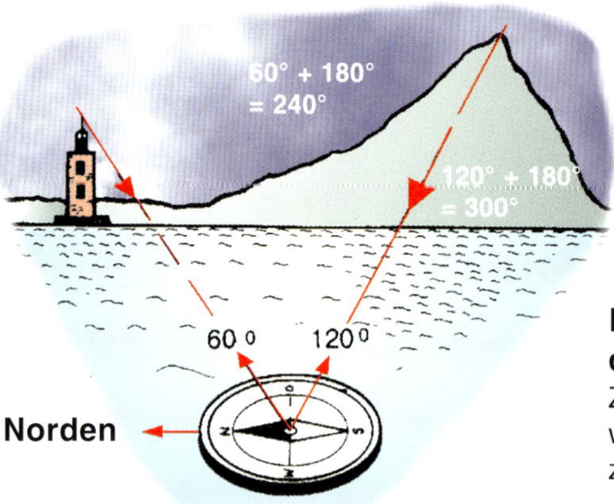

Suchen:
Mit Gegenwinkel peilen!

Kreuzpeilung mit dem Kompass:
Zwei markante Punkte werden in ihrer Richtung zu Nord eingemessen.

Weitere Angaben zum Thema Peilung finden Sie im Kapitel „Orientierungstauchen“ Seite 26ff.

gesprengt. Solch ein Wrack stellt dann nur noch einen zerfetzten Haufen von Eisenteilen dar, die gefährlich werden können. Weiterhin werden flach liegende Wracks von Wellen bzw. der Dünung beeinflusst. Durch die Hin- und Herbewegung brechen die Wände schnell, außerdem werden sich Teile des Wracks im Sand oder Schlamm eingraben. Bei hohem Lichteinfall wird das Wrack auch schnell von Algen bzw. Korallen besiedelt. Die dabei speziell

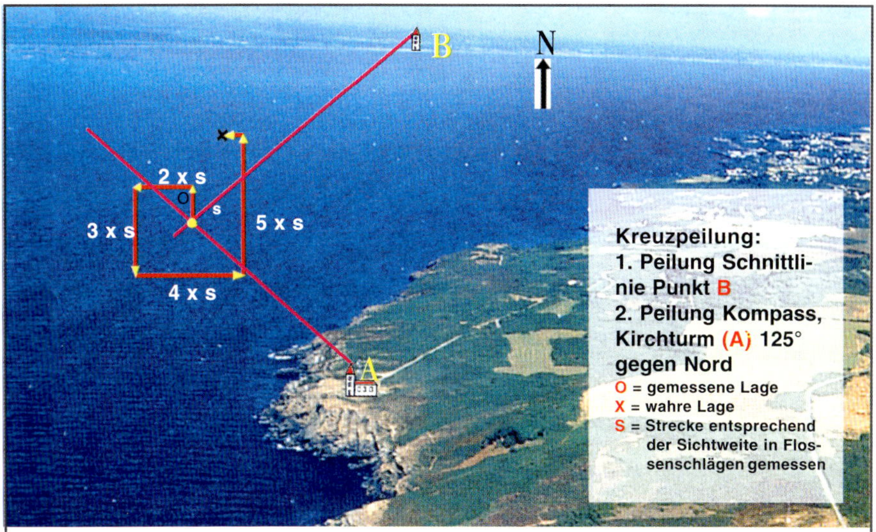

Suchen

Suchmethode, wenn keine genaue Tiefenlinie angegeben ist.

in den Tropen durch die Fotosynthese der Algen entstehenden hohen Sauerstoffübersättigungen können die Oxidation zusätzlich fördern. Tiefer liegende Wracks werden allenfalls noch von Strömungen beeinflusst.

Temperatur, Salzgehalt: In kalten, schlammigen, sauerstoffarmen Binnengewässern halten sich auch Holzteile sehr gut. In tropischen Gewässern werden organische Teile wie Holz schnell vom Toredoewurm durchlöchert, Metallteile von Korallen und Schwämmen überwachsen. Das Korallenwachstum richtet sich nach den Umgebungsbedingungen. Tischkorallen können z.B. bis zu 10 cm pro Jahr im Durchmesser wachsen.

Bestimmung von Wracks: Natürlich besteht immer der Wunsch, Näheres über das betauchte Wrack in Erfahrung zu bringen. Um hier in Archiven oder in der Lloyd's List fündig zu werden, muss so viel wie möglich an Information über das Wrack gesammelt werden. Dazu gehören genaue Längen- und Breitenangabe der Fundstelle, unter Umständen die Fahrtrichtung beim Untergang und die Geschichte dieser Wasserstraße, z.B. wurde der Suezkanal erst im Jahre 1869 eröffnet. Dampfschiffe sind daher im nördlichen Roten Meer mit großer Wahrscheinlichkeit erst nach diesem Zeitpunkt gestrandet. Allerdings bestand auch vorher schon eine Schiffsverbindung zwischen Suez und Aden.

Art des Schiffes: Kriegsschiff, Frachter, Tanker usw. Art der Ladung: evtl. Herkunft und Bestimmung.

Baumaterial des Schiffes: Bis 1860 wurde generell Holz verwendet, später Eisen bzw. Stahl, wobei in einzelnen Fällen auch Kombinationen möglich waren: Die Spanten waren aus Stahl, die Außenhaut aus Holz. Ab 1880 wurde weitgehend Stahl eingesetzt, wobei die Stahlplatten genietet wurden. Ab 1920 wurden die Schiffe teilgeschweißt und ab ca. 1960 ganz geschweißt.

Antrieb: Der Antrieb erfolgte früher mit Segel, zwischen 1850 und 1900 wurden diese durch Dampfmaschinen ersetzt, teilweise noch mit zusätzlicher Besegelung. 1897 lief das erste Schiff mit Dampfturbine vom Stapel, nach dem Ersten Weltkrieg erfolgte der Übergang zum Dieselantrieb. Wichtig ist zu wissen, welchen Antrieb das Schiff hatte, wie viele Maschinen und Schrauben.

Bauform: Jede Zeit hatte ihre spezielle Bauform. Bei der Bugform gab es bis zum Ersten Weltkrieg bei Kriegsschiffen noch den Rammbug. Bei Handelsschiffen hat sich heute der Wulstbug durchgesetzt, der dem Delfinkopf ähnelt. Ebenso gibt es bei der Heckform verschiedene Ausführungen.

Ausrüstung: Beliebte Souvenirs sind Teile aus der Kombüse, z.B. Teller. Da sie oft von Schiffsausrüstern stammen, die ihr Zeichen auf der Rückseite vermerken, besteht so die Möglichkeit, die Herkunft des Schiffes zu ermitteln. Große Reedereien haben oft auch ihr eigenes Geschirr mit entsprechendem Firmenzeichen.

Name: Üblicherweise führt ein Schiff beiderseits am Bug den Namen, am Heck nochmals den Namen und Heimathafen. Da in manchen Fällen der Name nicht aufgemalt, sondern erhaben aufgeschweißt wurde, lassen sich so eventuell Name und Heimathafen ermitteln.

Größe: Sehr wichtig zur Identifizierung eines Wracks ist dessen Größe. Mit einer in Metern markierten Maßleine oder über die Anzahl der Flossenschläge lassen sich Länge, Breite und Höhe in etwa ermitteln, wenn das Wrack noch nicht zu sehr zerschlagen ist. Das daraus errechnete Volumen (einschließlich der Aufbauten) in Kubikmetern, geteilt durch 2,83 ergibt die Bruttoregistertonnage (BRT).
Bei Kriegsschiffen ist die Größenbestimmung schwieriger. Sie werden durch die Wasserverdrängung klassifiziert, die sich nur aus dem Volumen des Unterwasserschiffes ermitteln lässt.

Fundort: Manchmal lässt sich auch in den Archiven des nächsten Ortes, bei alten Fischern oder durch Suche in den Wachbüchern eines in der Nähe liegenden Leuchtturmes etwas über den Untergang des Schiffes erfahren. Bei genügend Informationen hilft Lloyd's Register in London, das alle seit 1696 gebauten Schiffe enthält. Unglücksfälle werden in der Lloyd's List aufgeführt.

Lage

Je nach Zustand das Bodens, Ursache und Ablauf des Unterganges, Art des

Schiffes und der Ladung kann ein Wrack jede Lage auf dem Meeresgrund einnehmen. Durch die tiefe Schwerpunktlage liegen die meisten Wracks aufrecht mit mehr oder weniger großer Schräglage; aber auch kieloben liegende Wracks sind anzutreffen. Hier ist die Gefahr natürlich noch größer, da ja, wie bereits erwähnt, dann die schweren Maschinenteile quasi an die Decke geschraubt sind. Korrodieren diese Befestigungen, so können diese Teile durch die Decks brechen. Eine weitere Gefahr ist die Ladung, die ja für eine aufrechte Betriebsart des Schiffes gestaut wurde, sich jetzt aber mit mehr oder weniger Schräglage in einem äußerst instabilen Gleichgewicht befinden kann. Es genügt möglicherweise ein leichter Zug an einem Teil, um die ganze Ladung ins Rutschen zu bringen. Instabil kann auch die Lage des Schiffes auf dem Meeresboden sein. Durch Strömungen kann das vorher stabil liegende Wrack anteilweise unterspült werden, wodurch sich die Lage ändern bzw. es plötzlich durchbrechen kann. Auch die in der Dünung hin- und herschwingenden großflächigen Bordwände moderner Frachter und Tanker brechen, wenn das Material an der Blegestelle ermüdet. Die knarrenden und schlagenden Geräusche, die beim Hin- und Herschwingen entstehen, tragen auch nicht gerade zur Beruhigung bei.

Flugzeugwrack vor Pearl Harbour/Hawaii. Häufig verfolgen die wirklichen Wrackfans in aufwändigen Recherchen die Geschichte der Besatzungen, der Ladung und der Wracks selbst.

Tiefe und dekopflichtige Tauchgänge

Interessante Wracks liegen oft sehr tief. Man versucht natürlich, möglichst viel Zeit am oder im Wrack selbst verbringen zu können. Dazu gehören: ein sehr schneller Abstieg und eine volle Ausnutzung der Grundzeit bzw. das Einplanen von Dekopausen. Vergessen wird dabei oft, dass die Dekompressionspausen im freien Wasser am Ankerseil erfolgen müssen und sehr langweilig und kalt sein können. Besonders wichtig ist, dass nur am Ankerseil ab- und aufgetaucht werden darf. Eine Dekompressionspause in freiem Wasser ohne Ankerseil sollte auf jeden Fall vermieden werden.

Beim Erreichen des Wracks schon beim Abtauchen sofort Lage und Festigkeit des Ankers prüfen! Er sollte fest sitzen aber nicht verkeilt sein! Bei

Gefahren beim Wracktauchen

Orientierung:
Ein Wrack kann ein Labyrinth sein!
Fehlende Kompassanzeige.

Sicht:
Sedimente werden aufgewühlt. Dunkelheit.

Hindernisse:
Wrack- und Ladungsteile, geschlossene Lukendecken, Fischernetze.

Lage:
Schräg oder gekentert (anomale Lage), unterspült (unsichere Lage).

Ladung:
Instabil, explosiv, giftig.

Psyche:
Angst, Platzangst, Schreck, Panik, nicht ehrlich, habgierig, höherer Luftverbrauch.

Tiefe:
Tiefenrausch, Dekounfall.

Strömung:
Erhöhter Luftverbrauch, kürzere Nullzeit, Abdrift.

Ausrüstung:
Unvollständig, fehlerhaft, eigene oder fremde, ebenso die der PartnerInnen.

PartnerInnen:
Unsicher, unehrlich, fehlendes Training, unvollständig ausgerüstet.

der Berechnung der Dekopausen müssen Zusatzbelastungen (Strömung, mögliche Arbeiten am Wrack) mit berücksichtigt werden – auch bei Benutzung eines Computers. Bei kurzzeitiger Belastung wird der nächst höhere Zeitwert in der Tabelle verwendet, bei längeren Belastungen wird die gesamte Grundzeit mit dem Faktor 1,5 multipliziert.
Auch auf den Tiefenrausch, der durch den Stickstoffgehalt der Atemluft schon bei geringen Tiefen auftreten kann, muss geachtet werden. Die Anfälligkeit dafür wird verstärkt durch den am Abend vorher evtl. genossenen Alkohol, durch Medikamente (z.B. gegen Seekrankheit), aber auch durch Kälte und Angst. Also auch aus diesem Grunde sich und die PartnerInnen bei Tauchgängen in diesen Tiefen beobachten.

Strömung/Seegang

Innerhalb von Wracks ist kaum mit Strömungen zu rechnen. Die Probleme liegen auf dem Weg zum bzw. vom Wrack, vor allem wenn noch Dekopausen einzuhalten sind (siehe „Tiefe“). Ein quer zur Dünung liegendes Wrack wirkt als Strömungshindernis. Während genau vor dem Wrack ein Stau – also ruhiges Wasser ist, kann es an den Kanten sehr starke Strömungen geben. Das ist auch unter dem Wrack möglich, wenn es nicht überall fest am Boden aufliegt.

Schwimmt man an diesen Punkten vorbei, wenn die Dünung gerade aufläuft, kann man mit großer Gewalt in das Wrack oder in die Engstelle getrieben werden, wobei sehr schnell Ausrüstungsteile beschädigt werden können. Das kann auch in Durchgängen und Türöffnungen erfolgen. Ein voll in der Brandung liegendes Wrack darf nicht betaucht werden. Gegen die Kraft der Wellen haben TaucherInnen keine Chancen.

Die Gefahr liegt auch in der Unregelmäßigkeit der Wellen. Mehrere kleine Wellen können TaucherInnen dazu verführen, näher zu der Gefahrenstelle zu tauchen, dort werden sie dann von einer plötzlichen hohen Welle erfasst. Es ist auch ein Abtreiben während des Aufstiegs möglich. Unbedingt entsprechende Rettungs- und Signalmittel wie Rettungsball, Markierungsblitz, Pfeife, Leuchtraketen usw. vorsehen. An Bord muss natürlich immer ein Wache vorhanden und eine Strömungsleine greifbar sein.

Tauchsicherheit und Tauchrettung

Die generell bei allen Tauchgängen übliche Tauchgangsvorbesprechung muss beim Wracktauchen um alle diese relevanten Punkte aus der Aufstellung erweitert werden. Auch die Maßnahmen bei Zwischenfällen sind genau zu besprechen und entsprechende Vorbereitungen zu treffen!

Wracktauchen gehört – wie Dekotauchen, Nacht- und Strömungstauchen – zu den Tauchgängen mit erhöhtem Risiko. Es sollte keine Verdoppelung der Risiken (z.B. Wracktauchen bei Nacht) erfolgen.

Beispiel einer Lageskizze mit Beschreibung.

Frachter, Länge etwa 50 m, 15 m vom Riffabhang. Liegt auf leicht abfallendem Sandgrund. Vorschiff total abgebrochen und teilweise im Sand begraben. Tiefe: Schornstein 4 m, Bugspitze 5 m, Grund am Bug 20 m, am Heck 25 m. Anker in 1 m Tiefe auf dem Riffdach. Stahlschiff geschweißt, eine Dieselmaschine. Alle Räume intakt und zugänglich, Holzteile weitgehend zerfallen. Riffkante an der Aufprallstelle zerstört.

Fragen zu Wracktauchen

1. Welche Tauchgänge am Wrack sollte der Sporttaucher nicht machen?
2. Welche Gefahren lauern eventuell außen um das Wrack?
3. Welche Gefahren lauern eventuell im Inneren eines Wracks?
4. Wie ist die Kompassanzeige am oder im Wrack zu bewerten?
5. Was ist bezüglich der Ausrüstung bei Wracktauchgängen zu berücksichtigen?
6. Was kann man tun, um ein bei einem Tauchgang gefundenes Wrack wieder zu finden?
7. Welche Regeln gelten bezüglich von Munition?
8. Warum sollte man in Luftkammern im Wrack nicht auftauchen?
9. Warum sind kieloben liegende Wracks besonders gefährlich?
10. Warum sollten aus Wracks keine Souvenirs mitgenommen werden?

Antworten zu Wracktauchen

1. Das Eindringen tief in Wracks ist nur mit spezieller Zusatzausrüstung und viel Erfahrung ratsam, Sporttaucher sollten das unterlassen.

2. Scharfe Kanten, lose Teile, die in der Dünung schwingen und abbrechen können, von Fischern verlorene Netze.

3. Schlechte Sicht durch aufgewühlte oder abgelöste Sedimente, kippende Ladung, zu enge Durchlässe, versperrte Durchgänge, scharfe Ecken und Kanten, der Schreck durch die plötzlich herausschießende Muräne.

4. Große Eisenmassen verfälschen die Kompassanzeige.

5. Lampe, alternative Luftversorgung (Zweitautomat oder mindestens Oktopus), sehr exakte Tarierung, kein Ausrüstungsteil darf vom Körper abstehen (Verhängungsgefahr).

6. Genaue Bodentiefe messen, Messen der Tiefe am höchsten Punkt des Wracks, nach dem Auftauchen Anpeilen von markanten Punkten.

7. Sie ist auch nach Jahrzehnten gefährlich, unbedingt liegen lassen.

8. Die Oberfläche ist oft mit Öl oder anderen Verunreinigungen bedeckt, die Luft meist nicht atembar oder gar giftig.

9. Die Ausrüstung ist gewissermaßen an die Decke geschraubt und kann bei korrodierenden Befestigungselementen herunterfallen, ausgelöst auch möglicherweise durch die aufsteigende Ausatemluft, das Gleiche gilt für die verschobene Ladung.

10. Auch kommende Tauchergenerationen möchten etwas sehen, eventuell auch aus Pietätgründen.

Für Lernende und Ausbilder

Christian Wölfel
Notfalltraining Tauchunfälle
Die Praxis der Erstversorgung für Tauch-, Schnorchel- und Badeunfälle
ISBN 3-89594-080-1

Peter Bredebusch
Grundlagen der Tauchausbildung
für DTSA Bronze / CMAS-Taucher*
ISBN 3-89594-058-5

J.P. Pleschka / G. Ruckdäschel
Deutsches Tauchsportabzeichen
Prüfungsfragen für Grundtauchschein und DTSA Bronze / CMAS-Taucher*
ISBN 3-89594-066-6

J.P. Pleschka / G. Ruckdäschel
Deutsches Tauchsportabzeichen
*Prüfungsfragen für DTSA Silber / CMAS**-Taucher*
ISBN 3-89594-059-3

Axel Stibbe
Sporttauchen
Der sichere Weg zum Tauchsport. Offizielles Lehrbuch des Verbandes Deutscher Sporttaucher e.V.
ISBN 3-89594-048-8

Th. Kromp / H. J. Roggenbach / P. Bredebusch
Praxis des Tauchens
Mit Fragenkatalogen und Musterantworten für alle Stufen des Deutschen Tauchsportabzeichens
ISBN 3-89594-047-X

Gerd Högel
Deutsches Tauchsportabzeichen
DTSA Bronze / CMAS-Taucher*
Ausführliches Begleitmaterial zum Einstern-Kurs für Lernende und Ausbilder.
ISBN 3-89594-055-0

Ulrich Rupp
Deutsches Jugendtauchsportabzeichen
DJTSA
Offizielle Ausbildungsgrundlage des VDST e.V., zurzeit das einzige Ausbildungsbuch für Jugendliche.
ISBN 3-89594-057-7

Logbuch für Taucher
Zur Dokumentation aller wichtigen Daten sowie Begleit- und Prüfungsbestätigungen.
ISBN 3-89594-044-5

Erhältlich im Buch- und Fachhandel

Delius Klasing
EDITION NAGLSCHMID